Victor, além da vida... e eternamente entre nós
Copyright © 2018 by
Lúmen Editorial Ltda.

1ª edição - Agosto de 2018.
1-8-18-10.000

Coordenação editorial: *Ronaldo A. Sperdutti*
Revisão: *Profª Valquíria Rofrano*
Capa: *Rafael Sanches*
Projeto gráfico e diagramação: *Juliana Mollinari*
Assistente editorial: *Ana Maria Rael Gambarini*

Dados Internacionais de Catalogação na Publicação (CIP)
(Câmara Brasileira do Livro, SP, Brasil)

Deppman, Victor Hugo (Espírito).
  Victor, além da vida -- e eternamente entre nós /
pelo espírito Victor Hugo Deppman ; [relatos de]
Marisa Rita Riello Deppman ; psicografia das médiuns
Eliana Machado Coelho e Maria Lúcia Gallinaro. --
Catanduva, SP : Lúmen Editorial, 2018.

  ISBN 978-85-7813-186-9

  1. Espiritismo 2. Espiritualidade 3. Mensagens
4. Obras psicografadas 5. Vida espiritual I. Deppman,
Marisa Rita Riello. II. Coelho, Eliana Machado.
III. Gallinaro, Maria Lúcia. IV. Título.

18-18451   CDD-133.9013

Índices para catálogo sistemático:

1. Vida após a morte : Doutrina espírita   133.9013

Maria Alice Ferreira - Bibliotecária - CRB-8/7964

LÚMEN
EDITORIAL

Rua dos Ingleses, 150 – Morro dos Ingleses
CEP 01329-000 – São Paulo – SP
Fone: (0xx11) 3207-1353

visite nosso site: www.lumeneditorial.com.br
fale com a Lúmen: atendimento@lumeneditorial.com.br
departamento de vendas: comercial@lumeneditorial.com.br
contato editorial: editorial@lumeneditorial.com.br
siga-nos no twitter: @lumeneditorial

2018
Proibida a reprodução total ou parcial desta
obra sem prévia autorização da editora

Impresso no Brasil – *Printed in Brazil*

Marisa Rita Riello Deppman

Victor, além da vida... e eternamente entre nós

PSICOGRAFIA DAS MÉDIUNS
Maria Lúcia Gallinaro
Eliana Machado Coelho

PELO ESPÍRITO
Victor Hugo Deppman

Os valores dos direitos autorais deste livro serão revertidos a obras assistenciais sem fins lucrativos.

LÚMEN
EDITORIAL

*"Conheça todas as teorias,
domine todas as técnicas,
mas ao tocar uma alma humana
seja apenas outra alma humana"*

Carl Gustav Jung

APRESENTAÇÃO

Eu já ouvi, diversas vezes, a frase: *Quando uma mãe perde um filho, outras mães perdem um pedacinho de seus filhos também em seus corações*.

Quando tomei conhecimento do ocorrido com o Victor Hugo Deppman, na ocasião do seu falecimento, tão comovente, por conta de um latrocínio, em abril de 2013, doeu profundamente em mim. Havia perdido meu pedacinho do coração.

Um jovem, de apenas dezenove anos, morrer tão violentamente, por causa de um celular, era chocante, como é até hoje.

Eu não estava em São Paulo e pouco acompanhei o caso. Mas fui uma das milhares de pessoas que orou por ele e por sua família.

Apesar da minha crença na Lei Divina de ação e reação, de que todas as consequências do que experimentamos são responsabilidades nossas pelo que fizemos ou deixamos de fazer, também fiquei contrariada com o caso do Victor. Poderia ter sido minha filha.

Temos o poder de escolha, como o autor espiritual fala neste livro e, muitas vezes, o nosso descaso resulta em consequências terríveis e dores profundas para os outros e para nós também.

Sou mãe. Não gostaria de ter um filho do lado que agrediu nem tampouco do lado que foi vitimado. Isso me mataria, totalmente, de alguma forma.

Fico admirada com a força desses pais, sobreviventes à morte de seu filho e peço que Deus os abençoe muito para que tentem, um pouco, aliviar seus corações.

Pelo fato de o médium não ser adivinho, eu nunca imaginei que, após alguns anos do lamentável fato, seria envolvida na existência do Victor e estaria ao lado de sua mãe Marisa ou de seu pai Valdir e traria algumas páginas para elucidar essa obra.

Ao tomar conhecimento deste livro, fiquei na expectativa. Mesmo depois de tantos livros já publicados, entendi que esta seria uma obra diferente dos meus trabalhos de psicografias que os meus leitores estão acostumados.

Envolvia pessoas e um acontecimento dramático que comoveu todo o Brasil e foi assunto de destaque internacional.

Não era um livro comum. A espiritualidade sabe o que nos traz para entendimento e aprendizado. Ele tem um objetivo muito, muito importante: levar compreensão de que a vida não termina com a morte e tudo, tudo o que nos acontece tem uma razão.

Deus, Pai da Vida, é perfeito em seu amor e também em sua justiça. Nada escapa e tudo se harmoniza em Suas obras. Victor, corajosamente, mostra-nos e exemplifica tudo isso.

Nesta obra, o espírito Victor Hugo Deppman nos passa muitos ensinamentos através das histórias de suas reencarnações, anteriores e atual, explicando e ensinando que o caminho para uma vida feliz e equilibrada, além de um futuro promissor, é a conscientização do amor, da tolerância, da solidariedade e do perdão. Sentimentos e práticas que devem vir do berço. Ensinados e exemplificados para crianças e jovens por seus pais, cuidadores, educadores, sociedade, governo e todos aqueles envolvidos ou ligados a eles.

A breve trajetória de Victor, na Terra, dezenove anos, deixou e vai deixar ensinamentos, lições e uma mudança significativa na sociedade, nas leis e em cada coração que se vir tocado pelo que lhe aconteceu.

Existem muitos jovens desencarnados que se identificam com o Victor. Muitos pais, que perderam seus filhos, que se igualam à Marisa e Valdir. Muitos irmãos que se sentem como Vinicius.

E ainda têm milhares de nós com medo, muito medo, de estar no lugar de um deles por conta da violência vivida hoje.

Victor nos traz um recado nesta obra: que tudo tem uma razão de ser e que Deus é justo.

Como cidadã, mãe, médium e alguém que deseja o bem de todos, uma sociedade melhor e mais humana, acredito que podemos, de algum modo, fazer a nossa parte, tomarmos um lado, não sermos omissos e fazermos nossa voz ser ouvida antes que, mais um pedacinho de nós, ou até nosso coração inteiro, perca-se e morra com mais um Victor que se vá.

Esse livro é um conforto para os pais que perderam seus filhos em tenra idade ou jovens. Mas, principalmente, para os pais que perderam seus filhos em circunstâncias que se assemelham a de Victor Hugo Deppman.

Uma leitura que vale a pena, pois ela toca a alma humana.

Boa leitura!

Eliana Machado Coelho.

PREFÁCIO

Ninguém deveria viver mais do que o próprio filho.

A dor dessa separação, mesmo para os que acreditam em doutrinas, religiões ou filosofias reencarnacionistas, é terrível.

Toda vida, toda passagem terrena tem uma razão e é significativa.

Pais, familiares, amigos, colegas, conhecidos e até estranhos choraram a perda de Victor. Comoveram-se com sua partida.

Sua breve existência não foi em vão. Nada é por acaso e ele, hoje, mostra-nos isso neste livro.

Do luto à luta. A família seguiu, apesar da dor, da saudade, da angústia, mostrando que é possível criar ideais, arrancando forças da alma. Se nada é possível fazer pelo filho que se foi, é possível fazer para os filhos do mundo. Eis então o primeiro exemplo.

Victor chegou à espiritualidade com honras. Cumpriu sua curta trajetória terrena e, mesmo diante das circunstâncias de seu desencarne, soube perdoar. Perdão, sua joia maior. Nosso segundo exemplo.

Como se não bastasse, Victor brinda-nos com uma obra que nos faz entender as Leis do Pai Maior, confortando corações e esclarecendo consciências. Torna evidente que a vida continua e podemos deixá-la melhor, a cada dia, com amor, respeito, solidariedade e perseverança no bem.

Que Deus, em Seu amor, ilumine a todos com essa leitura.

Pelo espírito Schellida.
Mensagem psicografada pela médium
Eliana Machado Coelho.

MENSAGEM

Paz no coração.

Viva a vida com sabedoria e surpreenda com carinho e amizade aquela pessoa que não espera nada de você.
Conforte alguém. Todos nós temos esse dom.
Não perca a esperança nem pare de sonhar. Isso fará bem à sua alma e ao seu coração.
Abençoe cada um dos seus dias agradecendo todas as manhãs, pois são nelas que começa a jornada de sua vida para o resto da existência.
Tenha esperança diante das lutas e fé em todos os momentos, pois, ao longo da jornada, vai perceber que tudo se resolve, nem sempre da forma que queremos, mas como precisa ser para o bem da nossa evolução.
Entenda que a dor passa e, com ela, você aprende a ter sabedoria e força.
Sonhe. Tenha planos e se empenhe para realizá-los da melhor forma. Vai se sentir muito bem.
Por último, mas não menos importante, conserve a paz. É ela que vai guiá-lo para um futuro promissor.

São Paulo – Outono de 2018.

Pelo espírito Victor Hugo Deppman
Psicografada pela médium
Eliana Machado Coelho

ÍNDICE

Apresentação 7
Prefácio 11
Mensagem 13
Parte I 17
Capítulo 1 - Nascimento de Victor 19
Capítulo 2 – Quando tudo aconteceu 25
Capítulo 3 – Após o adeus final 39
Capítulo 4 – Deus, o que queres que eu faça? 51
Parte II 65
Capítulo 5 – Mãe, amor eterno 67
Capítulo 6 – A primeira Carta 81
Capítulo 7 – A História de Mirella 95
Capítulo 8 – A busca pelo filho 105
Capítulo 9 – Reencontrando Brendo 113
Capítulo 10 – Tudo tinha uma razão 129
Capítulo 11 – Em outro tempo 147
Capítulo 12 – Um amor de outra vida 163
Capítulo 13 – O nascimento de Jean-Pierre 173
Capítulo 14 – As irmãs Lamartines 191
Capítulo 15 – Outra vida com Charlote 205
Capítulo 16 – Entre dois amores 219
Capítulo 17 – Perdão sinônimo de amor 233
Capítulo 18 – Como esse livro aconteceu 251
Capítulo 19 – Cartas ao Victor 261
Parte III 277
Dados complementares sobre esta obra 277

PARTE I

Relatos de Marisa Rita Riello Deppman

O nascimento de seu filho, o ocorrido em seu falecimento e outros acontecimentos.

CAPÍTULO 1
Nascimento de Victor

No dia 17 de agosto de 1993 o Victor nasceu!

Fazia bastante frio em São Paulo.

O parto foi complicado. Mas, apesar de tudo, ele veio ao mundo chorando muito!

Quando me mostraram foi amor à primeira vista!

Achei meu filho lindo!!! ...com aquelas bochechas rosadas...

Logo nos primeiros meses, tivemos de enfrentar seu problema de asma grave, que acabou por nos levar a várias internações.

Doses de remédios fortes, que pareciam não fazer diferença.

Victor foi crescendo...

Mesmo com falta de ar, ele corria, jogava bola, aprontava como todas as crianças.

A doença somente foi diminuindo de intensidade quando começamos, aos 12 anos, um tratamento experimental no Instituto da Criança, no Hospital das Clínicas.

Lembro bem. Os primeiros 18 meses de vida foram muito difíceis. Ele chorava muito, quase que às 24h por dia e sem motivo aparente. Tanto que conheci os consultórios de vários pediatras e pneumologistas de São Paulo. Acho que fiz todas as simpatias existentes para asma e para o choro. É... Não foi fácil.

Totalmente hiperativo. Não tinha um minuto de sossego.

Hoje entendo que o Victor não podia perder nem um minuto da sua vida. Nenhum mesmo!

Ele tinha pressa de viver!

Talvez porque, no seu íntimo, sabia que ficaria pouco tempo entre nós.

Extremamente carinhoso. Sempre foi de muitos abraços e beijos.

Gostava de um colinho... De deitar na cama comigo até adormecer... De andar de mãos dadas, de sorrir... Sempre vou me lembrar do seu eterno sorriso de amor.

Sorriso?... Sua marca registrada!

O convívio com os primos, amigos, era fácil. O Victor não era uma criança egoísta. Sabia dividir os brinquedos, os doces e sabia, como ninguém, agradar às pessoas.

Na escola, de tão carinhoso, era difícil para as professoras brigarem com ele. E olha que, em várias ocasiões, esse garoto mereceu. Como todo aquele que é especialmente carismático, tinha grande dificuldade de seguir regras que julgava sem sentido, por exemplo: andar em fila, não ir ao parquinho dos maiores, ficar sentado na carteira, comer apenas no intervalo... Isso lhe causava ansiedade e crise asmática.

Conforme foi crescendo, compreendeu melhor que tinha de se adaptar, pois o convívio social exige regras, e eu o cobrava sobre isso.

Suas notas não eram das melhores, mas ele era muito inteligente!

Por ser hiperativo, seu poder de concentração era baixo e, como as provas eram longas, isso não dava muito certo.

Eu vivia sendo chamada à escola, em reunião de entrega de provas. Sua vida escolar foi um tanto conflituosa, animada talvez. Rende boas recordações. Nunca repetiu um ano! Passava um pouco acima da média.

Em compensação, se houvesse avaliação para popularidade, com certeza, sua nota seria dez com louvor!

Parecia que conhecia a todos do colégio!

Interagia com todo o mundo. Não importava se eram mais velhos ou mais novos. Na saída, quando ia buscá-lo, até o cachorrinho da rua lhe dava *tchau*.

Sua vida no colégio foi aos trancos e barrancos. Com a proximidade do vestibular, começou a pensar no curso que iria fazer. Quando conversávamos sobre isso, sabíamos que não tinha perfil para ficar atrás de uma escrivaninha, todo formal. Definitivamente, não era esse o seu perfil.

Resolveu enveredar pela área da comunicação. Prestou vestibular para o curso de Rádio e TV em algumas faculdades e Mídias Sociais em outras...

Para minha grata surpresa, passou em quase todas, sendo que, em uma delas, em 3º lugar!

Escolheu cursar Rádio e TV na Faculdade Cásper Líbero. Amava o curso, os amigos, o JUCA — Jogos Universitários de Comunicação e Artes —. Sentia-se feliz e realizado.

Não demorou e arrumou estágio numa rádio onde apresentava um jornal de esportes e, numa emissora de TV, fazia parte da produção do SNL.

Veio Réveillon de 2013 e, somente hoje, entendo que foi a preparação da sua despedida.

Eu sempre pedi para os meninos passarem o Natal comigo, mas os liberava para viajarem no Ano-Novo. Nesse ano, especialmente, passamos todos juntos. A família, dos dois lados, mais os amigos. Lotou a casa da minha mãe! Foi bom demais!...

Em março de 2013, foi a formatura do Vinicius, meu filho mais velho. Estávamos muito, muito felizes mesmo! Nunca imaginaria que, dali trinta dias, uma tragédia marcaria minha vida para sempre.

CAPÍTULO 2
Quando tudo aconteceu

9 de abril de 2013, 20h53min.

Minha vida virou de cabeça para baixo. O latrocínio de que meu filho Victor foi vítima mudou, e continua mudando, o meu modo de ver e viver a vida.

Se, em minha juventude, dissessem-me que eu iria passar por tudo pelo que passei e pelo que estou passando, diria que estavam loucos, porque, em sã consciência, quem mereceria? Quem aguentaria?

Sempre que via as grandes tragédias se abatendo sobre pessoas que eu considerava boas, pensava comigo: "Por que coisas ruins acontecem com pessoas boas?" Não há uma lógica matemática que explique isso, aliás, se não for pela religião, não encontro explicação. As coisas simplesmente acontecem e, quando você se dá conta, sua vida mudou completamente.

Muitas pessoas têm premonições, sonham, são intuídas sobre acontecimentos futuros, eu não. Nada. Sequer poderia imaginar tamanha tragédia. São como cenas de filme, coisas que se vê em novelas, seriados, mas que nunca imagina que possam acontecer com você. Mas, infelizmente, aconteceu.

Naquela terça-feira, levantei no mesmo horário, 6h, para acordar os meninos. O Vinicius, meu filho mais velho, para trabalhar e o Victor, meu filho caçula, para ir à faculdade.

Fiz o café da manhã para eles. Conversamos rapidamente. Um "*tchau* mãe. Até mais tarde..." do Vini e um "*tchau*, mãe. Não esquece de me ligar no horário do estágio..." do Victor.

E a rotina seguiu como de costume. Cada um para suas atividades, e eu para meus trabalhos.

Fiz como o combinado com o Victor, que era telefonar, todos os dias, por volta das 13h40mim, pois, se caso ele dormisse no ônibus da faculdade para o estágio, eu o acordaria para que não perdesse o ponto de descida. Telefonei. Conversamos um pouco e ele me disse que voltaria mais cedo para casa, pois tinha de estudar. Estava em semana de provas. Depois, ele iria para o treino de *futsal* com o pessoal da faculdade.

O dia continuou a correr normalmente...

Eu não sabia que seria a última vez que falaria com o meu filho... Se eu soubesse...

Cheguei à minha casa por volta das 19h30mim. Comecei a preparar o jantar. Em seguida, chegaram o Valdir, meu marido, e o Vinicius.

Quando terminei de preparar o que precisava, pedi ao Valdir que ligasse para o Victor para ver, em que ponto do seu trajeto, ele estava. Nosso filho disse que estava na estação de Metrô Santa Cecília e que era para irmos jantando.

Assim fizemos, pois Victor não estava tão perto de casa.

Nós três nos sentamos à mesa e começamos a comer. Passados uns 15 minutos, ouvimos, o que para mim era uma bombinha e para o Valdir, um tiro. Em seguida, tocou o interfone. Era o porteiro avisando que o Victor tinha levado um tiro.

Do jeito que cada um estava, fomos ao seu socorro. Eu peguei a bolsa e a chave do carro para o levarmos ao pronto-socorro.

Nunca, mas nunca mesmo, poderíamos imaginar o tamanho da tragédia.

Fui a primeira a chegar. O Victor estava caído. Lembro-me de ter colocado a mão no seu peito e não ter sentido seu coração bater. Comecei a bater nele e a chamá-lo. Ele voltou a respirar, com muita dificuldade. Havia muito sangue. Naquele momento, minha mente não quis ver onde foi o tiro. Mas tinha sido na cabeça.

Se demorou ou não o socorro, não sei dizer. A mim, pareceu uma eternidade.

Fomos ao hospital Santa Virgínia, no bairro do Belenzinho. Seu estado era grave, mas no meu íntimo eu tinha esperança. Qual mãe não teria? Deus não faria isso comigo, pensei.

No hospital, começaram a me preparar. Veio o responsável pelo PS — Pronto Socorro — e disse que seu estado era gravíssimo. A bala estava alojada na parte posterior da cabeça e que, caso sobrevivesse, teria graves sequelas.

Eu, em meu egoísmo, respondi: "Sua obrigação é salvá-lo agora! Depois cuidamos das sequelas!"

Não admitia, em hipótese alguma, a possibilidade de meu filho morrer.

Pensava: "Esse médico só pode estar louco! Ele está falando do meu filho! Que tem apenas 19 anos!"

Eu não aceitava.

Fui rezar ao pé da imagem de uma santa, que tem na entrada do hospital. Eu precisava de um milagre. E os únicos seres capazes de fazê-lo eram Deus e Maria Santíssima.

Rezei com fervor na intenção do Victor. Após rezar em voz alta a Prece de Cáritas, um senhor, que estava sentado nos degraus da santa, disse-me: "Fique tranquila. Bezerra de Menezes e Meimei[1] o estão amparando." Naquele instante, acreditei que o milagre estava a caminho.

Nesse momento, minha mãe chegou ao hospital e veio falar comigo. Eu lhe disse: "Mãe, este senhor me disse que o Victor está sendo amparado pela espiritualidade." Apontei para o local onde ele estava sentado, mas ele não estava mais lá. Nunca mais o vi.

Acredito que a espiritualidade o enviou para me tranquilizar, mas eu não entendi o recado. Naquele momento, eu realmente acreditava no milagre.

Não sei dizer quanto tempo passou. Para mim, era uma eternidade angustiante.

Veio o neurologista falar comigo. Disse que era possível que ele tivesse morte cerebral e que estavam aguardando o neurocirurgião para confirmar. Lembro de ter olhado para o alto e questionado: "Cadê o meu milagre?".

Falei ao médico que o meu filho era doador de órgãos e que eu autorizaria a doação.

Infelizmente, não deu tempo. Victor havia perdido muito sangue e, em decorrência disso, teve três paradas cardíacas e não resistiu.

Quando me chamaram para dar a notícia, eu já não sentia mais nada. Estava como que anestesiada, sem capacidade de esboçar qualquer reação. Igual àquela cena de filme em

---

[1] Nota: Bezerra de Menezes e Meimei, são conhecidos benfeitores espirituais ligados à Doutrina Espírita codificada por Allan Kardec.)

que a pessoa fala com você, mas parece que tudo está lento, fora de contexto. Uma desconexão total com a realidade. Meu mundo desabou.

Eu não sabia o que fazer. Todos, a minha volta, desesperaram-se.

Onde buscar forças?
Onde buscar consolo?
Onde buscar meu filho?...
A noite e os dias seguintes seriam muito longos...

Nesse meio tempo, começaram a surgir os carros da imprensa. Tiveram que fechar o portão do hospital Santa Virgínia para evitar o assédio jornalístico, que aumentava a cada minuto. Juro que, até hoje, não sei como eles ficaram sabendo... Mas, nada é por acaso.

Quanta burocracia para resolver. Deram-me papéis e mais papéis para assinar. Levaram-me para esperar o carro do IML – Instituto Médico Legal –, pois eu tinha que assinar uma autorização. Foi então que veio o primeiro choque impactante.

Ver meu Victor, meu filho amado, o meu menino todo embrulhado em lençóis sobre o mármore frio do necrotério.

Imaginem uma mãe diante dessa cena.

Quando fui chegar perto, disseram-me: "Não pode colocar a mão."

Como assim? É o meu filhinho! Que mal eu poderia fazer a ele? O pior já tinha acontecido.

Foi torturante a espera.

Assim que o carro do IML chegou, tivemos de driblar a imprensa.

O que eu poderia falar naquele momento?

O carro conseguiu entrar no necrotério.

Veio então o segundo choque: tiraram a gaveta fria que levaria o corpo do meu filhinho ao IML do bairro de Arthur Alvim para necropsia.

Sei que para aqueles senhores é uma coisa normal. É o trabalho deles, mas carregavam meu filho... Pedi que o colocassem com cuidado. Ainda assim seu pé bateu na gaveta.

Juro... Minha vontade era ir junto para protegê-lo.

Mas não... Ficamos eu e o Valdir olhando o carro ir embora. Meu filho ia sozinho e desprotegido. Roguei a Deus, a Espiritualidade Amiga e a Nossa Senhora que o protegesse, já que nada eu poderia fazer.

Fui para casa. Para o meu endereço, no bairro do Belém, na Capital, em São Paulo, onde meu filho foi assassinado.

Então veio o terceiro choque: o local em que ele havia caído estava isolado e seu sangue ali no chão. Sangue do meu filho...

Passei pelo cordão de isolamento e fui rezar onde ele havia tombado há poucas horas. Não sei bem quanto tempo fiquei ali.

As cenas passavam em *flashes* pela minha cabeça, mas eu não conseguia entender, racionalizar o que havia e estava acontecendo.

Sei que é um clichê, mas tudo parecia um sonho, uma realidade distante.

Alguém veio me tirar desse torpor e me levou ao meu apartamento.

Entrei.

Na sala de jantar, os pratos ainda estavam sobre a mesa. Tudo igual, mas tudo diferente.

Pensei: "preciso informar a empresa onde ele trabalha". Lembro de ter mandado um e-mail. Nem sei bem o que escrevi. Há muita coisa que ainda não lembro.

Não tive coragem de entrar no seu quarto.

Eu e o Valdir estávamos atônitos. O silêncio gritava alto a nossa dor. Olhávamos um para o outro sem capacidade de dizer nada. "A ficha" ainda não havia caído.

Sem saber bem que atitude tomar, fui para o banho. Tentava pensar no que tinha de fazer.

Os funcionários do IML disseram que eu precisaria estar lá às 7h para os preparativos do sepultamento. Eu tinha de me encher de coragem para escolher uma roupa para o Victor.

Precisava falar com o responsável da campa do cemitério da Quarta Parada, no bairro da Água Rasa, para prepará-la para o enterro. Necessitava ir à agência funerária escolher flores, caixão... tudo...

Eu gostaria de fazer tudo isso. Era para o meu filho, para o meu filhinho! Tinha de ser tudo perfeito.

Meu celular não parava de tocar. Ninguém acreditava no que tinha acontecido. Sinceramente, nem eu.

Soube, mais tarde, que meus irmãos haviam descido com balde e vassoura para lavarem a calçada. Não queriam que eu visse o sangue novamente.

Não lembro se agradeci a gentileza, mas o faço agora. Muito obrigada. Foi um gesto muito bonito.

Após o banho, fui escolher uma roupa. "O que vestir?" Pensei. Então me lembrei que o Victor gostava da cor vermelha. Coloquei uma camiseta dessa cor. Enquanto o Valdir se arrumava, fui ao quarto dos meninos escolher a roupa do Victor.

Nunca o abrir de armário foi tão difícil. Separei sua camisa predileta – a cor de rosa –, uma calça jeans, cueca, meia e sapato. Coloquei tudo numa sacola, que parecia pesar toneladas.

Não conseguíamos ficar em casa. Saímos para o IML antes do raiar do sol.

As equipes de TV estavam chegando à porta do prédio. Ainda não entendia o porquê da presença da mídia.

Acho que chegamos lá por volta das 6h.

Havia um funcionário para dar informação e uma fila de pessoas.

Quando chegou a minha vez, o rapaz me disse que não sabia estimar o tempo de demora para liberar o corpo.

Pensei em lhe dizer que não era um corpo, mas o meu filho. Deixei para lá. Estava sensibilizada. Não tinha forças para encarar uma discussão.

O médico legista ainda não havia chegado e várias famílias e uns GCM — Guarda Civil Metropolitana — encontravam-se na mesma situação que eu.

Pedia a Deus que fosse rápido, pois queria sepultá-lo no final da tarde daquela quarta-feira. Seria muita crueldade passar a noite no velório.

Estava sentada, aguardando minha vez, quando vi, num telejornal matutino, a notícia do crime. Estavam mostrando o noticiário, ao vivo, da porta do condomínio onde nós morávamos.

Não entendia a notoriedade. Quantos Victores Hugos morrem de forma trágica em São Paulo por dia e ninguém diz nada? Por que tantas notícias sobre meu filho?

Foi então que um funcionário do IML se aproximou e pediu para falar comigo.

Fomos a um reservado e ele perguntou quem era o meu filho, pois o telefone não parava de tocar atrás de informações. Várias emissoras de rádio e TV se aglomeravam na porta.

Não tinha o que responder. O Victor era um jovem normal, como muitos outros. Um jovem com sonhos, projetos, amigos, família que o amava...

Então, ele disse que tentaria agilizar os trâmites legais. Quanta burocracia! Pediu, ainda, para eu dar uma declaração à imprensa assim eles sairiam de lá.

Falar o quê?

Meu telefone ainda tocava sem parar. Eu, sem condições de raciocinar e de falar, não sabia o que fazer...

É cruel demais exigir um depoimento de uma pessoa ou de uma família que experimenta tanta dor, como a que sentíamos naquele momento. A imprensa não respeitava isso.

Pedi para o meu irmão ir falar com eles. Não adiantou.

Falei para Deus: "O Senhor quer me testar até as últimas fibras. Vou lá fora falar com eles". Fui.

Antes de qualquer coisa, perguntei o porquê de tanto alarido. Somos de classe média. Não somos famosos. Meu filho era estagiário de uma emissora de TV, mas trabalhava na produção, não na frente das câmeras.

Indo para perto de onde a imprensa estava, um repórter me perguntou: "A senhora já olhou a rede social do seu filho?"

Eu disse que não.

Ele falou: "Está sendo uma comoção enorme. Só se fala disso nas redes sociais."

Meu filho havia morrido! Como é que eu teria tempo e condições de olhar as redes sociais?!

Eu e meu marido estávamos sofrendo! Era muita dor! Estávamos transtornados! Como pensar nisso?!

Respondi aos questionamentos, que tive de rever mais tarde, pois elogiaram minhas respostas e eu sequer me lembrava do que havia dito.

O tempo foi passando. Preenchi documentos. Assinei outros tantos... Um funcionário responsável pela liberação me disse que, como se tratava de crime violento, o caixão seria lacrado.

Levaram-me à agência funerária para as escolhas finais. Voltamos ao IML para aguardar o carro funerário.

Fui falar com o chefe do IML. Disse-lhe que queria ver o meu filho. Não queria me despedir dele por um "vidrinho". Fui atendida. Trouxeram o Victor numa maca... Haviam-no lavado... Minhas pernas amoleceram, mas me mantive firme.

O meu Victor parecia dormir. Tive vontade de abraçá-lo, mas o funcionário não deixou. Foi aí que começou a "cair a ficha". Uma pergunta ressoou na minha cabeça: "O que eu posso fazer por você, filho?"

Embora aceite, respeite, aprecie e dê abertura para minha família — marido e filhos — conhecer outras religiões e filosofias, sou Espírita praticante. Comecei a pensar como tal. Nós, espíritas, acreditamos na vida após a morte do corpo físico. Depois do desencarne, passamos a viver em algum lugar. Nosso espírito não morre.

Então... Para onde meu filho foi?

Será que ele foi acolhido?
Quem será que está com o Victor?
Está sentindo dor?
Entendi que a única coisa que poderia fazer era rezar e rezar.

O carro funerário chegou e saímos do IML por volta das 13h rumo ao Cemitério da Quarta Parada. Foi torturante esse percurso.
Ao chegar ao velório, levei outro susto. Havia muita, mas muita gente mesmo!
Amigos do colégio onde Victor estudou, da faculdade onde estudava, do trabalho, de Arujá, desconhecidos que vieram prestar solidariedade... Uma multidão!
Foi uma grata surpresa saber que o meu Victor era tão querido.
Havia também *links* de todas as emissoras de TV e até helicópteros. Nunca imaginei que o caso tomaria tamanha proporção.
A sala, onde seria velado, estava fechada. O rapaz da funerária estava arrumando seu corpo.
Olhei novamente para o Victor. Estava calmo, sereno, dormia em paz...
O rapaz me disse que não lacraria o caixão. Deixaria as pessoas se despedirem, olhando-o de perto. Um último adeus mesmo. Agradeci emocionada. Pequenos gestos representam muito nessa hora. Acho que esse funcionário captou a minha dor.
Enquanto ele preparava tudo, aproveitei esse momento, em que estávamos somente nós, e rezei, ou melhor, supliquei à Nossa Senhora que o acolhesse. Que Ela, como mãe que havia passado pelo calvário de Jesus, sabia o que eu sentia, conhecia a minha dor e, naquele momento, como em um sonho, fui levada até onde o Victor estava. Vi-o num hospital, cercado de luz, sendo cuidado por gentis enfermeiras que

me olharam e disseram: "Fica tranquila. Ele está bem. Foi resgatado imediatamente. Não sentiu nada. Ficaremos com ele o tempo todo. Ele não está só."

Meu corpo foi invadido pela mesma luz. Senti, por alguns momentos, uma imensa paz, um conforto espiritual que me deixou mais tranquila, pois, agora, eu sabia, tinha visto com olhos d'alma, que ele fora acolhido.

Meu filho estava num ambiente de paz, amor e carinho. De certa forma, isso me consolou.

Quem é espírita sabe que, por vezes, em mortes violentas, o espírito pode ficar vagando entre os seus sem entender o que está se passando. Pode sofrer em demasia, por ver que ninguém o ouve ou o ajuda. Eu não gostaria que meu filho sofresse. Gostaria de vê-lo envolto no amor de Maria Santíssima. Ela atendeu minhas súplicas. Ainda me emociono muito quando penso em tudo isso.

Quantos abraços, beijos, olhares recebi? Não sei dizer. Muitos, vários.

Quase não me lembro dos rostos das pessoas. Falei com muita gente. Todas com uma palavra de carinho, com alguma história sobre o Victor... Solidariedade é a palavra para descrever esses momentos.

Rezamos várias vezes. O conforto da oração acalma o coração.

Enfim, chegou a hora do adeus final.

Foi nesse exato momento que prometi ao meu filho que faria alguma coisa, pois aquela tragédia não acabaria ali. A sua morte não seria em vão.

Nem preciso descrever o quanto foi difícil o caminho da sala de velório até a campa.

Sempre achei um exagero quando as pessoas diziam que queriam ser enterradas juntas, mas é real.

A vontade que se tem é essa mesma.

Depois... Depois fica mais difícil. Cada vez mais difícil.

Como virar as costas e ir embora? Como deixar ali, sozinho, no frio, o meu filhinho?... Como?!...

Foi bonito ver os amigos do Victor da Faculdade Cásper Líbero — da Av. Paulista 900, Capital, São Paulo, onde ele fazia o curso de Rádio e TV, na área de Comunicação — cantarem músicas alusivas a ele e, ao final, gritarem seu nome, aplaudirem... Foi comovente, emocionante...

Não sei como resisti a tudo isso. A dor era lancinante, e a impotência era total. Creio que suportei porque Deus estava comigo. Só isso explica.

Sair dali, voltar para casa... Como fazê-lo?

As pernas pesavam toneladas. Era muito difícil dar um passo, mas tinha de seguir.

A vida segue seu curso, porém, estranhamente, eu me considerava fora do caminho.

CAPÍTULO 3
Após o adeus final

Após o enterro, voltamos para casa eu, o Valdir, o meu filho Vinicius e a Ana, sua namorada.

O silêncio reinava.

O ar, de tão pesado, poderia ser cortado com uma faca.

Alguém havia arrumado a casa e feito comida. Mas, como comer?

Começaram a nos avisar que o assassino havia se entregado à Polícia e que era menor de idade. Esse menor já estava no Fórum da Infância e Juventude, que fica na Rua Piratininga, no bairro do Brás, na Capital, em São Paulo.

Sinceramente, naquele momento, essa informação não me afetava.

Meu corpo e minha mente precisavam descansar. Gostaria de dormir por dias. Talvez, quando acordasse, meu mundo voltasse ao normal e o pesadelo acabasse. Talvez, tivesse uma débil esperança de ter meu filho de volta após aquele sonho ruim.

Mas, infelizmente, não foi assim. Não consegui dormir.

À noite, insone, fez-me refletir sobre a situação. Eu havia feito uma promessa. Tinha de fazer alguma coisa.

Mas o quê?

Sou uma pessoa de muita fé. Nas horas difíceis, ela aflora com toda a sua força.

Rezei. Pedi a Deus, à espiritualidade amiga e à Nossa Senhora Mãe de Jesus que dissessem ao Victor que eu o amo muito, que já estava com muita saudade e enviava-lhe luz. Sabia que estava amparado, mas, como mãe, preocupava-me com seu bem-estar.

Comecei a conversar com Deus, com meus mentores... Creio até que, de forma um pouco desrespeitosa, cobrando explicações.

Como podiam ter deixado isso acontecer comigo?! Argumentava que eu era trabalhadora espírita, dirigente da sala de passes de uma casa espírita, que ajudava nos trabalhos de cura espiritual, que praticava a Doutrina há mais de vinte e cinco anos, que... Não merecia passar por essa tragédia.

Vejam só, naquela noite, eu que alardeava ser praticante da Doutrina Espírita, havia me afastado, e muito, dela e era um poço de egoísmo... Ou, talvez, fosse, simplesmente, mãe?

Não me conformava. Não entendia como isso tinha acontecido comigo, com minha família... Pensava: "Somos pessoas boas, nunca fizemos nenhum mal a ninguém..."

O Victor sempre teve graves problemas de saúde.

Era portador de asma gravíssima. Tratei. Lutei para ele superar a doença. E agora que ele estava quase curado, acontece isso! É justo?

E assim foi a noite toda... Brigando com Deus, com a espiritualidade...

Eu estava com muita raiva. Lembro até de ter pensado em desistir da religião. Nada fazia sentido naquela noite.

Bem se fala que a raiva não é boa conselheira. Aliás, nenhum sentimento negativo o é.

Assim que o dia clareou, liguei para minha mãe, dona Neusa, avó amorosa e que mimava demais os netos.

Choramos.

Disse-lhe que não sabia o que fazer. Ela falou: "Vem para cá. Vem ficar comigo."

Era melhor mesmo sair de casa por uns dias.

Meus pais moravam na cidade de Arujá, São Paulo, à época do ocorrido. Hoje são falecidos.

A eles, agradeço infinita e eternamente por tudo... Tudo!

Meu pai, o senhor Demerval, veio ao telefone falar comigo, naquele momento, e comentou que, na Rádio Bandeirantes, haviam noticiado sobre o crime e lançado uma Campanha pela Redução da Maioridade Penal. Sugeriu para eu ligar para eles e dar um depoimento para contribuir com a campanha. Nesse momento, pensei que, talvez, fosse o caminho para eu cumprir o prometido para o Victor.

❖

Na manhã seguinte, foi muito, mas muito difícil sair da cama.

Olhando o Valdir e o Vini — Vinicius, meu filhinho mais velho —, eu me ergui e tomei a primeira atitude para que uníssemos forças a fim de superarmos a tragédia. Falei para todos levantarem. Tomaríamos café da manhã juntos, unidos, e começaríamos a pensar no que fazer.

Eu tinha de levantá-los. Tinha de ter uma atitude de força, de superação. Não seria fácil, mas sabia que conseguiríamos.

Durante o café, falei da sugestão da minha mãe de irmos para Arujá e ficarmos até domingo. O que foi aceito. Também comentei sobre ligar para o Grupo Bandeirantes de Rádio a fim de darmos um depoimento. Todos concordaram e disseram para eu mesma falar. Conversamos de outros assuntos, como das mídias sociais, do filme do assassinato que passava sem parar na TV, mesmo eu não autorizando... Do assassino ser menor de idade...

Quando estávamos acabando o café, meu celular tocou. Era a produtora do programa do Boechat, jornalista da Band News FM, perguntando se toparia dar uma entrevista ao vivo. A essa se seguiram várias outras entrevistas para jornais, revistas, TVs... Falei para todos que tiveram disposição de ouvir.

Como advogada, sabia o que estava falando, mas, como mãe, deixava o coração falar. Mãe que perdeu seu filhinho querido, de 19 anos, por causa da violência, pela falta de Leis que deem a todos, sem distinção, proteção e segurança. Leis que deem igualdade de direitos. Não era justo um jovem tirar a vida de outro jovem... Não é justo jovem, ou qualquer outro, tirar a vida de ninguém! Se é capaz de saber como usar uma arma para impor medo e coagir, é capaz de ser responsável por ela, pois o uso de uma arma causa dor. Uma dor sem fim e irreparável. Somente aqueles que passam por essa dor, podem falar com propriedade.

Assim começou um movimento sobre a redução da maioridade penal.

Escrevi artigos. Participei de debates. Critiquei muitos. Defendi outros...

E assim sigo até hoje.

No fim da tarde, consegui, finalmente, ir à Arujá.

Alguns amigos nos aguardavam. Todos, de alguma forma, tentavam acalmar nossa dor.

De tanto falar no assunto, nas entrevistas, parece que aliviei um pouco a angústia cruel que cortava meu coração. Coloquei para fora parte do que sentia, da raiva, da desilusão, do inconformismo... Falei e falei muito mesmo.

Jantamos.

À mesa, era difícil olhar para o meu pai. Poucas vezes o vi chorar. Mas, ali, as lágrimas caiam.

Eles eram muito próximos, o Victor era comentarista num programa de esportes e meu pai o incentivava. Falavam-se todos os dias, por telefone, para comentar sobre contratação de jogadores, sobre a rodada esportiva, sobre o Santos, sobre o Palmeiras, sobre o Corinthians, sobre o São Paulo e outros times...

Um dos presentes que o meu caçula ganhou e mais gostou foi um gravadorzinho que meu pai deu quando Victor foi *cobrir* o time do São Bernardo para o programa. Meu filho voltou tão feliz nesse dia! Disse que era isso que queria fazer. Estava na profissão certa. Sorria sem parar. Demonstrava-se, realmente, muito feliz. Realizado.

Lembranças como essas não me saíam da cabeça.

Seus sonhos, seus projetos, seus desejos exterminados por culpa de um sistema que não oferece segurança, proteção, escolarização aos filhos deste país... Que não apoia a família... Sim, pois, se aquele jovem que matou meu filho, tivesse uma família que o educasse, oferecesse religiosidade, se ele tivesse escolarização que o formasse para a vida, tivesse orientação em todos os sentidos, ele não teria tirado os sonhos, os projetos, os desejos e a vida do meu filho.

Estava cansada. O dia tinha sido deveras agitado. Eu precisava colocar o pensamento em ordem. Equilibrar-me.

Percebi que teria de ser o pilar de sustentação da família. Não podia deixar ninguém cair. De alguma forma, sentia que tinha de unir todos para superarmos juntos.

Laços muito fortes uniam a mim, meus pais e meus irmãos: a religiosidade e a fé. Sabia que era por ali o caminho.

O Valdir e o Vinicius não eram religiosos fervorosos, mas acreditavam em Deus e no Espiritismo. Já era um começo.

Por isso, é bom introduzirmos religião no nosso lar e junto aos que amamos. Sempre fui bem a favor disso. Sempre aproximei meus filhos do Espiritismo, do Catolicismo também, deixando-os livres para escolherem. Dando-lhes oportunidades de se ligarem a Deus, fosse como fosse.

Naquela noite, como em várias seguintes, abri meu livro O Evangelho Segundo o Espiritismo de forma aleatória para as orações.

Para minha surpresa, o capítulo que surgiu aos meus olhos foi *Perdoai Vossos Inimigos*.

Fechei-o. Nem li.

A Espiritualidade estava brincando comigo.

Perdoar?... Como perdoar?

Comecei a pensar como espírita e, apesar de fazer sentido, eu lutava contra minha fé.

Encaminhei uma oração ao Victor. Pedi a Deus e à espiritualidade que me ajudassem a ajudar.

Nada como um sonífero para dormir. Mas o sono foi agitado.

Acordei muito cedo e comecei a pensar no Espiritismo como doutrina. Com lógica, claro. Afinal, como doutrina, o Espiritismo nos religa a Deus através da fé raciocinada e dos ensinamentos do Mestre Jesus.

Logo me veio a cena do filme *Nosso Lar*, onde o personagem André Luiz tem um amigo e ele, Lísias, despedia-se de sua mãe, tia e avó, no plano espiritual, pois elas iriam preparar suas reencarnações.

Planejamento reencarnatório!

É isso o que todos nós fazemos antes de reencarnar. Deus não nos obriga a nada. Jesus nos fala de um Deus bom e, acima de tudo, justo. O Pai da Vida não poderia nos obrigar a, nesta vida, passarmos por situações que não pudéssemos suportar.

Fiquei pensando nisso. Meditei muito a respeito. Então, eu havia concordado em passar por essa tragédia!

Num primeiro momento, achei esse pensamento uma loucura. Desviei-me dele. Precisava pedir perdão a Deus, pela revolta, pela raiva, pela não aceitação...

Mas como pedir para uma mãe não ter esses sentimentos inferiores depois de ter, em seus braços, seu filho querido, um jovem de 19 anos, esvaindo-se em sangue e morrendo?...

Ele tinha todo um futuro pela frente! Tinha toda uma vida! E eu queria vê-lo realizando seus sonhos!

Deus saberia me perdoar por minha fraqueza e por todos aqueles pensamentos.

Naquele momento, precisaria recuperar minha fé, meu alicerce de vida. Só assim poderia ajudar os meus.

Parecia que uma paz havia me invadido. A luz do Pai iria me guiar pelo caminho certo. Tinha certeza disso.

Comecei a planejar o que tentaria fazer naquela sexta-feira. Pensei em responder às várias mensagens recebidas. Não consegui.

Quando abri meus e-mails e comecei a ler, não deu para segurar o choro. Desisti.

Continuei dando entrevistas por telefone. Algumas emissoras vieram gravar comigo e com o Valdir.

Meu marido estava arrasado... Via-se isso só de olhar para ele. Ainda se pode ver isso até hoje.

Depois, resolvemos que rezaríamos uma missa no domingo, no salão do condomínio, para os amigos da cidade de Arujá.

Fui falar com o padre para pedir-lhe se poderia rezar a missa no domingo. Sendo prontamente atendida, senti meu coração bem leve. Independente da religião, vibrações boas e saudáveis são sempre bem-vindas e salutares aos que ficam e aos que partem para o plano espiritual.

Havíamos marcado com a Associação *Por Um Belém Melhor* uma passeata contra a violência para o sábado às 10h, saindo do Largo São José do Belém, na Capital, em São Paulo.

Muitas pessoas compareceram apesar da forte chuva que caia.

A igreja do Largo São José do Belém começou a lotar. Familiares, amigos, desconhecidos, pessoas solidárias ou que tinham passado pela mesma dor... Todos, de alguma forma, queriam nos confortar. Dar um abraço, uma palavra...

A família da Isabela Pavani, amiga do meu filho caçula, compareceu com camisetas brancas com a foto do Victor.

Logo, a igreja e o Largo eram imensa massa branca com fotos dele.

Como olhar, receber e compartilhar de tanta solidariedade e não chorar?...

A passeata foi marcante, muitas emissoras de rádio e TV acompanharam tudo. Jornais e revistas também.

Por onde passávamos, pessoas acenavam, aplaudiam.

Muitas colocavam pano branco em suas janelas.

Falamos palavras de ordem contra a violência e contra a impunidade.

Hoje, vejo que, naquele dia, foi plantada a semente da mudança. Mas, naquela hora, eu era apenas uma mãe com um buraco enorme no peito.

Seguimos pelas ruas do bairro do Belenzinho até chegarmos ao prédio onde moro.

Ali, o Padre José fez uma bonita celebração. Rezamos, reverenciamos a memória do meu Victor.

Admiro, parabenizo e agradeço o acolhimento, o respeito, a força e a presteza de eclesiásticos católicos que estiveram presentes dando-nos força e envolvendo-nos, independente da nossa religião.

Os amigos espíritas também estavam presentes em massa. Seguimos em frente, mas meu coração ficou ali, na porta do prédio onde meu filho tombou. Nada fazia sentido...

Ao chegarmos, novamente, ao Largo São José do Belém, soltaram balões brancos. Os amigos do Victor fizeram uma roda. Todos abraçados gritavam seu nome. Cantavam músicas de que ele gostava. Choravam... Sorriam...

Olhando nos olhos deles tive a certeza de que, de alguma forma, o Vitão — Victor — marcaria esses pessoas para sempre. Meu filho estaria eternamente em suas vidas, assim como nas nossas.

Ao término de tudo, fomos à igreja São Carlos Borromeu, para marcarmos a missa que seria realizada no dia 16 de Abril de 2013, às 20h.

Voltamos à Arujá.

Isadora veio conosco. Sentia um aperto enorme no peito cada vez que a olhava. Dezenove anos e passar por uma tragédia dessas. Não merecia. Aliás, ninguém merece.

Ao contrário do que imaginava naquele momento, a Isadora se mostrava forte. Seus pensamentos estavam lúcidos e ela demonstrava, de forma impressionante, uma boa compreensão de tudo. Ela nos chamava à razão na luz da fé.

Naquele sábado, falamos sobre os dois e essa menina nos mostrou um lado do Victor que não conhecíamos direito.

Foi muito generosa abrindo seu coração, dando-nos seu amor. Realmente, Deus coloca em nosso caminho as pessoas certas.

O Victor foi privilegiado por ter a Isadora em sua vida. Mesmo que por tão breve tempo.

A missa de domingo foi linda. Parentes, muitos amigos do Victor, amigos da nossa família, conhecidos...

Meus pais compareceram. O salão onde foi realizada lotou. Na hora da homília — pregação familiar, discurso — o Luiz Octávio e o Dudu foram prestar homenagens ao Victor.

A emoção tomou conta de todos. Foram palavras lindas de amizade, amor e carinho. Tive a impressão de que chuva de bênçãos caíam sobre nós, pois, como no velório, comecei a sentir paz. De alguma forma, sentia-me amparada pela espiritualidade.

Fechei os olhos e ouvi: "ele está bem. Fica tranquila. Maria e suas filhas cuidam dele.".

Se eu pudesse, não abriria mais os olhos e ficaria naquele lugar calmo e tranquilo, longe de tudo, longe da dor, longe da tragédia...

Infelizmente, tinha de viver no mundo real, cheio de tristeza e dor. Não tinha outro modo. Eu precisava superar e a fé era o único caminho, o porto seguro, o norte a me guiar.

No fim do domingo, voltamos para nossa casa.

A vida tinha de seguir, apesar de tudo. Havia muitas coisas burocráticas a fazer como: encerrar a conta dele no banco, cancelar o cartão de crédito, ir à faculdade para cancelar o curso, ir à Rede TV para encerramento do contrato de estágio, dentre outras coisas.

Era difícil olhar para o quarto e ver a cama vazia.

Várias vezes o Valdir dormiu ali. O pai era dor ambulante perdido em seus sentimentos. Quanta angústia carregava... Ao olhar para ele, não se via o homem, via-se a dor.

Abrir o armário e as gavetas dele nem pensar! No tempo certo, eu faria isso.

CAPÍTULO 4
Deus, o que queres que eu faça?

Na terça-feira, 16/04/2013, pela manhã, recebi um telefonema da equipe do programa *Encontro com Fátima Bernardes*. Convidaram-me, junto com o Valdir, para participar do programa na quarta-feira, pois o tema seria violência e redução da maioridade penal.

Aceitamos.

À noite, foi realizada a missa de sétimo dia, em São Paulo. A igreja São Carlos do Borromeu, no bairro do Belenzinho — Igreja ligada ao Colégio Agostiniano São José, onde Victor estudou —, ficou completamente lotada. Novamente, todos estavam com camisetas brancas estampada a foto do Victor. Era bonito de ver.

A emoção tomou conta da igreja. As músicas tocadas remetiam a amizade e ao amor.

Na homília, o Padre Javier — diretor do Colégio — foi quem rezou a missa. Ele falou palavras lindas. Tocou nossas almas...

As lágrimas eram de saudade e não mais de dor.

O André, primo do Victor, leu uma carta do seu irmão Gigio, o Giovani, que nos mandou uma mensagem, pois não pôde comparecer.

Depois foi a vez de Isadora — a namorada... — Nesse ponto da celebração, acho que ninguém conseguiu conter a emoção nem as lágrimas.

Ao final da missa, o padre leu a *Oração do Caminho*, de Santo Agostinho, que estava impressa num santinho que uma amiga distribuiu na entrada. Lindas palavras...

Mas, a maior emoção da noite foi quando meu pai levantou e pediu a palavra.

Ele disse coisas lindas sobre amor, família e começou cantar à capela — cantar à capela é cantar sem acompanhamento musical —, a música *Como é Grande meu Amor por Você* — música composta e cantada por Roberto Carlos — Quem ainda não tinha chorado, com certeza, chorou...

Embarcamos para o Rio no primeiro voo da ponte aérea e teríamos de voltar em tempo da homenagem que o *Santos Futebol Clube* prestaria para o Victor naquela noite.

Ainda me causava estranheza tanto alvoroço feito pela mídia sobre a morte do meu filho. Era muita notoriedade, muita publicidade para o caso. Eu ainda não entendia a razão.

O programa *Encontro com Fátima Bernardes* teve grande repercussão. O assunto foi debatido com seriedade.

Na enquete feita, as pessoas a favor da redução da maioridade penal ganharam com ampla margem, mais de 80%.

A homenagem no SFC — *Santos Futebol Clube* — foi bem tocante.

O clube fechou uma parceria com a ONG *No Violence* e contratou um artista para pintar a escultura símbolo da ONG.

Todos os jogadores autografaram a obra. Recebi uma camisa com o nome do Victor assinada pelos jogadores. Houve um minuto de silêncio e a foto do Victor apareceu no telão do estádio.

No decorrer da partida, o jogador Neymar Júnior fez um gol e dedicou ao meu filho. Foi bem legal. Foi generoso.

Um dia cheio de emoções.

Na gravação do programa *Encontro com Fátima Bernardes*, conheci um rapaz, neto de um casal, da cidade de Pinhalzinho - SP, cujos avós também foram vítimas de latrocínio, praticado por um menor, mas com requintes de crueldade, pois os idosos foram degolados. Combinamos uma passeata na cidade para chamar a atenção das autoridades para os crimes praticados por menores.

Assim, de repente, passei a ser convidada para entrevistas, debates que girassem sobre a redução da maioridade penal.

Comecei a achar que o caminho para cumprir o que havia prometido ao Victor passava, primeiro, por uma mudança social, por um novo olhar sobre os jovens, tanto autores como vítimas da violência. Segundo, por tentar mostrar, para outras vítimas, que pela fé se consegue superar a tragédia.

Não vou me ater, neste livro, a contar sobre as diversas manifestações, movimentos sociais, políticos de que participei e ainda participo, mas sim, falar do lado espiritual, do auxílio que recebemos e, muitas vezes, nem percebemos a espiritualidade amiga.

Percebi que a fé seria o diferencial para enfrentar a tragédia.

Quando as pessoas começaram a me perguntar "Como você teve tanta lucidez e força para falar sobre o assunto?", "Que Deus é esse que você acredita?", "De onde vem essa força e coragem?"

Para mim, ter fé era algo inato. Espantava-me ver pessoas que não a tinham. Acreditar "nem que seja num pedaço de madeira", como dizia minha mãe, era, e ainda é, algo natural como comer, respirar... Faz parte do meu ser.

Acho que o que nos difere é a vivência da fé. Como sempre digo, sou espírita totalmente praticante. Procuro colocar os ensinamentos do Pai em todos os atos de minha vida. Diante da tragédia, minha fé aflorou com força total. Minha compreensão dos fatos aumentou na mesma proporção do aumento dela.

Uma semana depois da morte do meu filho voltei ao *Amor em Ação*, casa espírita que frequento. Um lugar de luz, de paz e, principalmente, de muito, mas muito amor.

Não tinha como ser diferente, eu e o Valdir fomos colocados em tratamento de assistência espiritual. Precisávamos encontrar paz, serenidade para seguirmos dali em diante e também recebermos as energias espirituais de que necessitávamos.

O luto nos afeta de modo diferente. Cada pessoa reage de uma maneira diante dele.

Não vou comentar como Valdir e o Vinicius reagiram. Isso é muito pessoal e cabe a cada um falar de si.

Eu, por personalidade, formação religiosa, parei de brigar com Deus. Comecei, em vez disso, a perguntar por quê? Para que tudo isso? O que queriam que eu fizesse?

Não gosto de sentir pena de ninguém. Esse sentimento de pena me incomoda muito. Penso que, se você se solidarizou, faça algo. Então resolvi que não gostaria que as pessoas tivessem pena de mim. Seria forte. Não choraria em público ou nas entrevistas, pois queria passar uma mensagem de superação.

O estranho é que isso incomoda as pessoas. Todos esperam ver você arrasada, em estado de profunda depressão. Por não me verem assim, questionam os meus sentimentos pelo meu filho.

Meu amor pelo Victor não é medido em lágrimas, é medido em Luz. Luz que desejo que ele seja envolvido e na saudade que ninguém pode ver no meu coração.

Por meses, eu não me permitia ser feliz, gargalhar, ouvir música... Justo eu que, como meu pai dizia: "seu carro é movido a música", pois a primeira coisa que fazia, ao dar a partida, era ligar o rádio.

Estranha moral que a sociedade nos impõe. Você só tem o direito de sofrer, de chafurdar na infelicidade, depois de uma tragédia. Mas não é assim que tem de ser.

Anjos... Deus, em sua imensa sabedoria, coloca vários no seu caminho e um deles estava dentro de casa. Embora o outro tenha sido arrancado das entranhas da minha alma, sem dó nem piedade, havia um, ali, ao meu lado.

Passaram-se vários meses. Eu não saía. Era de casa para o trabalho e dele para casa.

Um dia, ao chegarmos à nossa casa, eu e o Valdir, o Vinicius disse: "Nem façam nada que nós vamos ao cinema e depois jantar. Não tem desculpa. Os ingressos já estão comprados. Nós vamos e pronto! Mas tem uma condição: no jantar não falaremos do Victor, mas de como foi o dia de cada um, do filme, da vida, de qualquer coisa, menos dele."

Foi estranho. Eu, que adoro cinema, não consegui prestar nenhuma atenção ao filme. Nem lembro o que assisti. Mas, o fato de sair de casa para um passeio foi muito bom. Tirou-nos da rotina. Mostrou que o mundo ainda girava e que a vida seguia...

Vinicius... Meu outro anjo... Arrancou-nos do atoleiro da dor e nos mostrou que era possível prosseguir. Que bom, meu filho! Obrigada. Eu te amo muito. Muito mesmo. Ainda bem que tenho você na minha vida.

Então, a cada quinze dias fazíamos isso. Saíamos de casa.

Era surpreendente que, andando pelo shopping, recebíamos a solidariedade das pessoas que nos reconheciam. Um abraço, um gesto de carinho, uma palavra... Isso foi nos fortalecendo. Não tinha como tirar a lembrança do Victor da vida dessas pessoas. Eles falavam, perguntavam, queriam saber... A vida do meu filho e sua partida mexeu com todos. Fui percebendo que o Victor estaria para sempre entre eles também.

Fui aprendendo que a dor da perda é crônica. Não tem cura.

Doer, mais ou menos, depende de você. O remédio para acalmá-la está dentro de você. Saudade é a conexão com seu ente querido

Se você está equilibrado espiritualmente, dói menos. Por isso, procure sempre estar em paz. Procure Deus no seu coração. Creia Nele.

É fácil? Não, não mesmo. Mas é possível, se ativar sua fé.

Fé! Olha ela aí novamente.

Muitos me perguntam "Como você não se entrega ao desespero em meio à tragédia vivida?"

Posso dizer que foi uma questão de escolha. Escolhi não entrar em depressão. Não me vitimizar. Escolhi a Deus, a Espiritualidade Amiga...

Conhecendo bem os meus filhos, sei que nenhum deles gostaria de me ver triste e enterrada em uma cama. Foi por eles que me levantei!

A Doutrina Espírita é um celeiro repleto de energia e bem-aventurança. Caminhar por seus ensinos deixa nossa alma repleta de paz e remenda um coração combatido e rasgado pela dor.

Posso dizer mais que, ela, a paz é a luz da fé energizando seu corpo, dando coragem para seguir em frente quando seus olhos estão cegos pelas lágrimas da tristeza.

Escolhi ser forte como nos ensina Paulo Tarso e fazer ao Pai a mesma pergunta que ele fez "o que queres que eu faça?".

Foi em meio a todas essas reflexões que a resposta, inesperadamente, veio nítida à minha cabeça: "Seque suas lágrimas e vá para casas espíritas divulgar sua história... contar como superou pela fé a maior tragédia que se abateu em sua vida."

Pensei: "Nunca fui palestrante! Não sei o que dizer. Sempre fui tímida. Olhar as pessoas nos olhos, apresentar-me e contar minha dor... Acho que quem me passou essa mensagem não me conhece."

Mas, como tenho uma fé inabalável, preparei-me para a incumbência.

Pedi a dirigente espiritual da *Casa Espírita Amor em Ação* para fazer uma palestra. Tentei colocar no papel um pouco do que gostaria de falar para não me perder. Junto com o Édson e Lia, que fazem palestras musicais, fui apresentar a minha, que basicamente ficou assim:

FÉ

Buscando a definição de fé, no dicionário, temos: confiança absoluta em algo ou em alguém.

A definição de fé espírita é um pouco mais abrangente, pois ela usa a razão. Há uma lucidez maior dos conhecimentos adquiridos e, como diz o codificador da Doutrina Espírita, Allan Kardec, isso se chama fé raciocinada, isto é, ela parte de premissas, sendo a primeira delas que Deus é perfeito. Então, se Deus é perfeito, Ele não vai errar com você. Como diz o médium Francisco do Espirito Santo Neto, em seu livro *Um Modo de Entender*: "Nascestes no lar que precisavas. Vestiste o corpo físico que merecias. Moras no melhor lugar que Deus poderia te proporcionar... Teus parentes e amigos são as almas que atraístes com tuas próprias afinidades..."[1]

A segunda premissa é que Deus não castiga, não te desfavorece, não esqueceu de você. Pelo contrário! A fé espírita nos leva a guardar Deus no coração de forma luminosa, na certeza de que o Pai existe e não deixa ao desamparo nenhum de seus filhos.

Tenham certeza: Deus sempre está ao seu lado.

A terceira premissa é que Deus nunca nos dá um fardo maior do que podemos carregar. Ele confia em nós e em nossa capacidade de superação dos problemas pela fé que Nele depositamos.

Essa convicção ultrapassa o âmbito de simples crença religiosa em que dizemos "Eu acredito em Deus" e nos remete à verdadeira fé, que é superar o *Eu Creio* e dizer, de todo coração, *Eu Sei*.

Portanto, por mais difícil que seja a jornada, saibam que Deus sempre guiará seus passos.

A quarta premissa da fé espírita é saber da reencarnação e compreender que muitas das provas pelas quais passamos foram ajustadas e combinadas antes de retornarmos ao corpo físico.

Nada é por acaso. Não há uma folha que caia de uma árvore que não tenha o dedo de Deus como nos disse Jesus. A força da superação dos problemas está em ter Cristo dentro de nós. Saber que Sua Luz e Seu amor nos guiam pelos caminhos da vida, tentando fazer de nós pessoas melhores.

---

[1] Mensagem recebida pelo médium Francisco do Espírito Santo Neto em reunião pública da Sociedade Espírita Boa Nova, na noite de 06/03/1996.

Deus espera que acreditemos em nós mesmos. Que a nossa fé nos eleve a Ele sempre que cairmos frente às dificuldades da vida.

A fé verdadeira não fica estagnada em nenhuma circunstância da vida e sabe trabalhar sempre, intensificando a amplitude de sua iluminação pela dor, pelo esforço e pelo dever cumprido.

Traduzindo a certeza na assistência de Deus, ela exprime a confiança que sabe enfrentar todas as lutas e os problemas com a Luz Divina no coração.

A fé desperta todos os instintos nobres que encaminham o homem para o bem e, como tal, é a base da regeneração. Como disse Allan Kardec: A fé não se prescreve nem se impõe, tem que ser adquirida.

Para adquirirmos fé, é preciso confiar em Deus, em Jesus e, principalmente, em nós mesmos, pois Jesus disse *Vós sois deuses, podeis fazer o que faço e muito mais;* disse também *se tiverdes a fé do tamanho de um grão de mostarda, vai dizer para aquele monte, mova-se e o monte se moverá.*

Acreditem. Se crerem de todo o coração, o Universo vai conspirar a seu favor.

A fé é uma força transformadora que nos dá a coragem de seguirmos adiante. É a mola propulsora capaz de mudar o mundo, porque ela é contagiante e dinâmica. Quem tem fé nunca está só.

Por fim, li num livro, infelizmente não sei dizer qual, que "A fé, quando é forte, fornece a perseverança, a energia e os recursos necessários para vencer os obstáculos, sejam eles grandes ou pequenos."

Depois dessa palestra, outras tantas vieram.

Ainda não sei lidar com as pessoas que me rodeiam nesses eventos. Muitas vêm me dar um abraço. Outras dizem que foram tocadas com minhas palavras...

Sinto enorme prazer em saber que toquei o coração de alguém. Isso basta para eu saber que, de alguma forma, estou sendo um instrumento da espiritualidade na terra.

Até que ponto eu vou chegar, não sei.

Há tempos, deixo todas as minhas dúvidas nas sábias mãos de Deus. Sempre peço, de coração, para que seja feita a Sua vontade e não a minha, pois a vontade Dele é justa e amorosa, a minha?... não sei. Pode ter um ranço de egoísmo e revolta. Então deixa acontecer o que é certo.

Tenho uma fé tão grande na Espiritualidade Amiga que nosso intercâmbio é quase que diário. Pergunto e as respostas chegam. É incrível!

Quando se está aberto para doar, você recebe na mesma proporção. Sei que minha dor pela partida, tão cedo, do Victor nunca, e posso dizer nunca mesmo, vai cessar, mas com o tempo estou aprendendo a conviver com ela. Como qualquer dor crônica que temos, o remédio para aplacar um pouco é lembrar de seu sorriso, tê-lo falando comigo, saber que ele está bem...

Nada é por acaso.

Neste livro vocês vão entender que nossos atos e sentimentos nos acompanham por várias vidas. São como lições que temos de aprender. Cientes delas, passamos para outras. O tempo de aprendizado varia de pessoa para pessoa e a Espiritualidade é tão justa que aguarda o nosso tempo. Ajuda-nos, mas não interfere! Espera, com paciência, o nosso crescimento...

Hoje sei que estou no "ensino básico da vida". Há muito para aprender, porém, sinto-me mais preparada, desde quando decidi não questionar e buscar entender os motivos. Foi como se uma centelha de luz se acendesse em meu peito.

As noites escuras foram ficando para trás e o raiar do sol foi aparecendo no horizonte.

Claro que tem dias que está tudo nublado. Sou humana e reconhecer isso me dá mais fé, pois acredito que, nesses dias, alguém caminha ao meu lado para me amparar.

Não tive tempo de "viver o luto", entretanto sinto que foi melhor assim. Tive plena percepção de tudo que se passava. Consegui dominar o ódio e a vingança e me concentrar no perdão.

Perdoar, não na plenitude da palavra. Neste caso, fiz um acordo com Deus e com a espiritualidade: não desejo mal ao rapaz. Para mim ele está morto e enterrado, enquanto sigo minha vida. Nada que lhe diga respeito eu quero saber. Pelo menos, é o que sinto hoje. Quanto mais eu afasto meus pensamentos dele, mais me aproximo do Victor. Isso me deixa muito feliz.

Hoje sei que há vários tipos de perdão.

Fiz uma palestra sobre o tema. Sim! Queria enfrentá-lo! Ficar cara a cara com o perdão. Já que precisava seguir adiante, não havia como evitar o assunto. Resolvi falar a respeito.

Dizem que, quando falamos, somos os primeiros a escutar. Eu precisava escutar. Minha crença, na Doutrina Espírita, exigia-me isso.

Muitas pessoas, que encontro pelo caminho, dizem que sou um exemplo de força. Ledo engano. Não me considero exemplo de nada, mas, se puder sê-lo, que seja de uma fé inabalável em Deus.

Vejo mães que, como eu, passaram pela mesma tragédia. Seus corações sangram. Fico triste por não poder fazer quase nada. A fé está impregnada na alma de cada um. Todos nós a temos, mas em graus variados. Ela nos é inerente. Pode-se dizer congênita. Aumenta de acordo com o que acreditamos.

O fato de brigarmos com Deus diante de uma tragédia, não a faz diminuir. Ela fica, simplesmente, em estado letárgico, aguardando nossa intenção de manifestá-la. Aí, ela aparece. Ter fé é como saber ler. Depois que se aprende, não se esquece. Mas, se não se pratica, fica mais difícil o começo.

Conforme vou tendo compreensão das várias implicações da tragédia, vejo como fui abençoada por minha fé nessa doutrina santa e bendita. Hoje, não vejo o algoz do meu filho com os olhos rasos do ódio doentio, da raiva imensurável, da injustiça e da tristeza.

Graças aos mentores espirituais, que me acompanham na jornada, vejo tudo de forma maior, com causas e efeitos, de toda uma sociedade que não sabe educar, não sabe acolher. De um abismo imenso na distribuição das riquezas e qualidade de vida.

Quanto mais me abro para ouvir, mais certeza tenho de que o rapaz não puxou o gatilho sozinho.

Não estou, de forma alguma, justificando o que ele fez. Ele sabia muito bem o que fazia. Todos sabemos, desde certa idade, que um tiro na cabeça mata. Que matar é abominável. Nada justifica tirar a vida de alguém.

Mas, como chegamos até lá? O que ocorreu? O que pode ser mudado?

São perguntas que me faço hoje, pois, como sempre disse, não quero que ninguém mais passe a dor por que passei. Para isso, é necessário cobrar, mexer em feridas, egos, dores, compreender o mundo como uma interligação de pessoas, de fios invisíveis, que vão sendo puxados sem que percebamos, mas que nos atingem diretamente.

Expandir a consciência cósmica é ter uma visão mais abrangente. Ter a exata certeza de que estamos no lugar certo, com a família certa para nossas provas existenciais serem compreensíveis.

Somos viajantes do espaço. Estamos de passagem neste mundo. As lições devem ser sentidas na prática. O imaginário não tem conhecimento na alma. Crescer na dor é uma lição de inestimável grandeza. Quem compreende esse significado dá vários passos adiante. A grandeza do espírito está em passar pela dor, mas não viver agarrado a ela.

Quando olho para trás e vejo o sofrimento de muitos, entendo que minha missão apenas começou.

Como posso me fechar egoisticamente na minha dor e não tentar ser a semente transformadora que levará os ensinamentos do Mestre Jesus para acalentar corações sofridos, já que experimento um pouco do conhecimento que Ele nos passou, através da amada Doutrina Espírita?

Gostaria de ser lembrada como um exemplo de fé inabalável.

O mais complicado, para mim, é conviver com a saudade.

Comparo-a a uma dor crônica, daquelas que não têm jeito. Tenho de aprender a conviver com ela. E, como tantas dores que temos, tem dia que dói mais... tem dia que dói menos... Mas sempre dói.

Remédio para ela, infelizmente, não tenho a receita. Tudo é paliativo. Ameniza, porém não cura.

Nos dias mais dolorosos, choro. Isso alivia bastante. Busco a oração.

Contento-me em lembrar dele. Relembrar os dias felizes que vivemos juntos. Peço a Deus que me ajude a ter paz.

Se funciona? Na maior parte das vezes, sim. Mas preciso estar disposta a melhorar... Orar, meditar, traz relativa paz.

A paz que buscamos não vem de fora para dentro. Vem de dentro para fora.

Não adianta olharmos o belo pôr-do-sol no mar se não nos deixarmos envolver pela beleza do momento.

Infelizmente, o tiro já foi dado. Tudo o que aconteceu é irreversível. Mas viver atada a esse momento, não.

PARTE II

RELATOS DO ESPÍRITO
Victor Hugo Deppman

ATRAVÉS DAS PSICOGRAFIAS DAS MÉDIUNS
Maria Lúcia Gallinaro e Eliana Machado Coelho

CAPÍTULO 5
Mãe, amor eterno

Naquela noite eu estava muito cansado. Mesmo assim, ia passar em casa para tomar um lanche e me trocar para jogar.

De repente bateu uma preguiça... Pensei até em ficar em casa e aproveitar para estudar, mas a galera do *futsal* ia reclamar da minha moleza.

Fui caminhando e não percebi o que estava acontecendo ao meu redor. Não vi o rapaz que estava me seguindo. Não vi que ele olhava para o meu celular. Somente continuei caminhando... Mesmo porque, já estava chegando à minha casa. Estava bem perto da portaria.

Quando cheguei à portaria do prédio onde morava, o sujeito me abordou e pediu meu celular. Falou de uma forma brusca, violenta. Na verdade, me intimidou, mandando dar logo o aparelho a ele.

Fiquei meio sem entender o que aquele rapaz queria e acho que acabei demorando para entregar o celular... Não sei... Falei algumas palavras desconexas como: peraí, meu! Não tô entendendo! Qual é?

Ele ficou me tocando, me rodeou, tentou mexer nos meus bolsos ou na minha mochila, não sei dizer. Foi muito rápido e inesperado. Mas acabei entregando o celular.

Estava com minha mochila nas costas e o aparelho na mão.

Quando o sujeito pegou o celular com uma mão, ele atirou com a outra e, de repente, sem que eu reagisse ou fizesse algo, senti um impacto contra minha cabeça. Tudo foi ficando escuro e caí.

Caí bem na frente do meu prédio. Quase perto do arbusto ao lado do portão. Sabia que minha família estava lá em cima e logo viria ao meu socorro. Meu primeiro pensamento foi para que meus pais viessem logo.

Tudo aconteceu muito rápido. Fiquei atordoado. Senti escorrer o sangue da minha cabeça, mas não conseguia levantar a mão para saber onde era e limpar. Era quente. Meus braços não reagiam. Estavam pesados demais.

Queria abrir meus olhos, mas estavam muito pesados também.

Queria que alguém estivesse comigo, mas tudo foi ficando frio.

Naquele momento, o porteiro interfonou para o apartamento onde eu morava e disse que eu havia levado um tiro.

Desesperado, meu pai desceu correndo pelas escadas, enquanto minha mãe pensou em pegar a sua bolsa. Ela queria me socorrer. Acreditou que chegaria lá embaixo, iria me colocar em um carro e levar ao pronto socorro. Mas não era tão simples.

Minha mãe pegou o elevador junto com meu irmão Vinicius. Estavam aflitos.

Eles chegaram lá embaixo, antes do meu pai. Ouvi minha mãe falando aflita. Depois, ouvi gritos, vozes de pessoas, em seguida, senti e ouvi minha mãe mais perto.

Quando ela colocou a mão no meu peito, meu coração batia de modo tão fraco que ela teve a impressão de que estava parado. Nesse momento, começou a tentar me ressuscitar. Minha mãe bateu no meu peito, me sacudiu... ficou desesperada, mais do que já estava. Chamou meu nome várias vezes. Pediu para eu acordar, para voltar para ela. Implorou para eu respirar.

Difícil descrever essa realidade tão angustiante. É um desespero, uma aflição que nem quem a vive, consegue descrever. A dor e o sofrimento dos meus pais e do meu irmão não podem ser imaginados. Talvez, só por quem já passou por isso.

Saía muito sangue do meu nariz e da minha boca, resultado do ferimento a bala, na cabeça, que minha mãe nem quis olhar para saber onde era e como estava.

Quanta dor em meio a essa aflição extrema. Não dá para mensurar.

Ela me chamou, mas eu não podia responder. Fiz um jeito como se tentasse respirar e meu irmão, o Vinicius, disse a ela:

— Sai de cima. Ele não tá conseguindo respirar. É preciso limpar a boca dele.

Minha mãe se afastou e meu irmão e o Dudu, meu primo, começaram a me reanimar. Limparam minha boca e tentavam parar o sangue.

Minha mãe gritou para que alguém ligasse para 190 — o número de emergência da Polícia Militar. — Tudo parecia demorar muito e ela estava desesperada demais.

Quando a viatura da polícia chegou, minha mãe pediu aos policiais para me colocarem no carro e me socorrerem. Não sabia ou não queria que respeitassem as normas de socorro que, muitas vezes, prejudicam a vida da vítima.

O policial disse que não poderia me socorrer no carro da polícia. Deveria esperar o Resgate.

Demorou, mas a ambulância do Resgate chegou.

Eu precisava ser entubado, mas não tinham o equipamento. Minha mãe queria me socorrer no Hospital São Luiz, mas disseram que o hospital de referência para feridos a bala era o Hospital Municipal do Tatuapé — no bairro da Zona Leste da cidade de São Paulo. — Mas houve um problema e esse hospital não poderia me receber. Minha mãe, silenciosamente, estava em pânico. Meu irmão, desesperado e incrédulo com tudo o que via. Então fui levado para o hospital mais próximo de onde estávamos, o Hospital Santa Virgínia. Chegando lá, todos os médicos pararam e foram me atender na sala de trauma, no setor de emergência. Chamaram até um neurologista que havia acabado de sair do seu plantão, para que ele retornasse ao hospital. Mas não adiantava.

Começaram preparar minha mãe quando viram que meu estado era gravíssimo. Ela não aceitava. Achava que Deus tinha errado com ela. Pensava que aquilo era injusto. Meu pai... Coitado do meu pai. Não sabia o que fazer. Se pudesse, ele daria a sua vida para que eu vivesse, assim como minha mãe.

Tive morte cerebral, hemorragia intracraniana e três paradas cardíacas. Fui a óbito.

Todos esses detalhes foram vistos depois, na espiritualidade. Mas as emoções afloram, igualmente, como se fosse no tempo real.

Lembro-me do abraço da minha mãe naqueles minutos derradeiros, na calçada, frente ao prédio onde eu morava.

Mãe, naquele momento, ao ouvir você, me senti tão confortável... Parece que o tempo parou e senti só suas mãos.

Senti seu cheiro e me acalmei. Foram segundos eternos... Agora entendo por que mãe é amor eterno.

Ainda, na calçada, ouvi também a voz do meu pai. Pude sentir sua aflição, seu desespero. Novamente quis falar, quis reagir, mas não conseguia. Até me esforcei para tentar dizer alguma coisa e acalmá-los, mas não deu. Comecei a sentir sonolência e junto a isso, uma calma.

Achei que estava dormindo, mas meu corpo já estava entrando em uma espécie de coma, uma dormência. Meu cérebro já não mais me correspondia e, dessa forma, meu corpo também não.

Os gritos foram ficando cada vez mais longe e passei a ouvir uma voz calma e tranquila bem perto dos meus ouvidos. Era de um homem que, só depois, consegui enxergar. Vi que estava vestido de um branco reluzente. Achei, a princípio, que era um médico, mas não havia dado tempo do socorro chegar. Tudo era confuso.

Bem mais tarde, entendi que era já um amigo da espiritualidade nos auxiliando. Não só a mim, mas a todos nós.

Que desespero!

Vocês estavam tão preocupados em me socorrer que não perceberam a gravidade do meu estado.

Naquele momento, mãezinha, já estavam me preparando para partir. Não havia cura. Não haveria melhora em meu quadro. Era chegada à minha hora. Meu tempo havia se acabado. O livre poder de escolha de outra pessoa decidiu minha volta para a espiritualidade, da forma como aconteceu.

Como um relâmpago a bala saiu daquela arma e, em poucos segundos, atingiu a mim... Nós estávamos muito perto. Não daria tempo de tentar me esquivar, correr ou algo assim. Nem consegui olhar direito para o meu agressor de tão rápido que tudo aconteceu. Mas, hoje, revendo toda a cena, que também foi mostrada inúmeras vezes pela mídia e registrada em mim, aqueles momentos duraram uma eternidade.

Não haveria vítima ou algoz para a Lei da Ação e Reação Divina. Muito embora, o livre-arbítrio poderia pôr um fim naquilo tudo. E, mais adiante, nessa obra, vou explicar como isso seria possível.

Para a Lei dos Homens, eu fui a vítima de uma grande barbárie. Fui a vítima de um ato covarde. Mas isso é Deus quem vai julgar.

Minha vida toda, minha juventude, minha saúde recuperada, meus conhecimentos, meus estudos, meus amigos, minha amada família foi-me tirada por um celular.

Quanto valia aquele celular?
Quanto valia minha vida?
Quanto valia minha carreira, meus sonhos, meu amor?
Tudo passou a não valer nada.
Quanto valia para aquele rapaz meu celular?

Talvez, uma pedra de crack, uma picada ou um punhado de maconha ou, quem sabe, um alimento para pôr na mesa de sua casa ou, quem sabe ainda, um tênis novo.

Nada valeu, naquele momento, a minha vida. Como nada valeu, naquele momento, a vida dele.

Lembro, claramente, como educou a mim e ao Vinicius, mãe. Você dizia que nossa vida não valeria o celular, o tênis, a carteira, o carro... Que em caso de assalto, deveríamos entregar tudo. Foi exatamente o que eu fiz, assim que entendi o que ele queria.

E um tiro veio a minha direção.

Tenho certeza de que aquele rapaz nunca vai esquecer meu rosto. Mas estou tão leve hoje que nem me preocupo com qualquer lembrança dele.

Na espiritualidade, acordar foi difícil. Fiquei muito tempo assonorentado. Despertava e voltava a dormir. Fazia parte do meu tratamento e da minha recuperação. Nada senti a não ser algo bom e suave.

É claro que o tempo daqui é diferente do tempo que tínhamos sobre a Terra.

Não dava para dormir aí por um mês. Apesar de, muitas vezes, ter pensado nisso.

Fiquei mais ou menos nessa situação, vivendo esse sono e o sonho do espírito por um mês, porém sempre amparado pelo meu novo amigo Miguel, aquele que estava comigo desde a hora do tiro. Ele me ajudou a ir recobrando a consciência de quem eu era e de tudo o que havia acontecido.

Bem depois, pude acompanhar os movimentos em meu nome. As homenagens que me foram feitas.

Algumas delas, no exato momento em que aconteciam, eu recebia as vibrações e absorvia as energias, como se fossem jatos de luz sendo derramados sobre mim. Outras, somente depois de algum tempo, eu pude ver em um aparelho parecido com uma tela de TV, mas com mais nitidez de imagem.

Tudo chegou até mim. Todas as preces vinham ao meu encontro e ao meu coração.

A bondade e equilíbrio de minha mãe me ajudaram na pronta recuperação.

Vocês nem imaginam!

Na espiritualidade, via outros jovens desencarnados, como eu, ficarem em estado muito perturbado devido ao desespero de seus pais. Desespero não ajuda a ninguém. Ao contrário.

Sentia todos os dias o coração batendo e as lágrimas teimosas dos meus pais, dos meus tios, do meu irmão, de minha avó e, principalmente, a tristeza do meu avô...

No começo, fiquei bolado com ele, muito preocupado. Achei que meu avô não ia aguentar. Sabia que o Vini, meu irmão Vinicius, iria segurar a onda lá em casa. Ele sempre foi mais reservado, mais centrado. Mesmo assim, minha família sofreu muito.

A Isa, minha namorada Isadora, iria continuar sua vida, hora ou outra.

Menina muito linda! Firme e forte...

Meu amor, quero sempre ver você sorrindo. No começo, também pensei que iria sentir ciúme de deixar você cair nas garras de outro gavião, mas tinha que deixar a Isa voar e ser feliz.

Hoje, esses sentimentos são mais suaves.

Logo de início, ao despertar, foi muito difícil de lidar com o que eu sentia. Gostaria de estar junto de vocês. A saudade me matava de novo. Irônico isso, não é?

Ver todos chorando me deixava chateado mesmo.

Sentia falta de minha mãe me acordar, de estar com os amigos da faculdade, das bagunças que fazíamos, do namoro... Saudade de tudo.

Depois da minha partida, minha mãe olhava para o relógio e lembrava que era a hora de ligar para mim e me acordar para eu não passar do ponto onde tinha de descer e eu sentia isso, mesmo na espiritualidade onde estava. Ela achava que ouvia meu barulho ao chegar a minha casa. Ela vivia certa expectativa de me encontrar pelo ap — apartamento —, ficava esperando eu mexer nas minhas coisas e ouvir algum barulho. Acreditava até que sentia meu cheiro. Talvez tenha sentido sim, nas vezes que a visitei.

Todos, lá na minha casa, ficavam me esperando. Não acreditavam que eu não entraria mais pela porta.

Meu pai fazia o mesmo. Ia ao meu quarto e não acreditava que nunca mais ficaria comigo lá. Nunca mais ficaria ali esperando eu dormir...

Agora, com a minha ausência estava sendo muito difícil para ele. Sente saudade... Fica revivendo na memória tudo o que fazíamos, conversávamos, lembrando das coisas que eu aprontava, recordando das vezes que ficava comigo até eu dormir... Quando no meu quarto ele se derramava em lágrimas. Meu coração doía quando eu via isso. Eu cheguei a me sentir culpado por não estar junto dele... Mas, no decorrer desse livro ele e vocês vão entender que tudo tinha e tem uma razão.

Pai, mãe, Vini... Eu quero que saibam que amo vocês. Amo vocês demais mesmo!

Peço desculpa se os corações de todos experimentam tanta dor. Desculpa, tá?

Essa saudade, essa mudança foi difícil para eles e para mim.

Mas quando minha mãe se levantava e arrancava forças da alma para fazer alguma coisa, isso também me dava forças. Eu ficava animado! Ela animava meu pai e meu irmão e eu me animava.

Quando meus amigos começavam a cantar, a discursar e a gritar meu nome nas ruas, as coisas foram mudando mais ainda. Meus sentimentos foram mudando. Eu vi propósitos em suas vidas. Vi um propósito na minha existência.

Até vídeo com música eu ganhei! Uhull! A música *Pra onde vai*, do cantor compositor Gabriel Pensador, foi adaptada ao vídeo! Aeee!... O vídeo, *Victor Hugo Deppman* Homenagem, jogado na internet, ficou da hora meu! Fotos que registraram momentos que ficarão eternos com a galera... Da hora mesmo. Obrigado! — vídeo feito pelo amigo Thiego Moltini.

O meu time do coração Santos Futebol Clube!!! Que homenagem! Camisa autografada e tudo! Meus pais tiraram foto com Neymar Junior!!! Nem acredito, cara! Nem acredito! Queria ter saído nessa foto, meu! Mas meu coração estava lá! Tava lá no meio e abraçando os três!

A *Praça de Esportes do Parque Estadual do Belém*, no bairro do Belém, na Zona Leste da cidade de São Paulo, passou a se chamar *Conjunto Esportivo Victor Hugo Deppman*. Uma solicitação da associação *Por Um Belém Melhor* que quis me homenagear e deixar marcado um Não à Violência.

Esse complexo esportivo tem uma área verde imensa. Fica relativamente perto de onde eu morava. Lá tem quadras, pista para caminhada, rampas para skates... A ironia do destino é que esse conjunto esportivo fica, exatamente, onde viviam menores infratores para serem reabilitados, a antiga FEBEM, que hoje não existe mais.

Meu pai ficou orgulhoso com essa homenagem da praça que tem meu nome. Lógico que o que ele queria era me ter ao lado. Mas ver a praça com meu nome, fez com que ele sentisse que havia uma parte de mim materializada no mundo.

Ver meu pai com a ideia de montar uma ONG, fazer uma fundação, montar escola de período integral, atrair crianças para o esporte, tirando-as das ruas... Solicitando a ajuda de empresários... Nossa! Nem sei dizer o que senti. Fiquei orgulhoso dele. Comecei a compreender e acreditar que minha ausência seria usada, por ele, para alguma coisa boa e muito útil para o mundo.

Então meus sentimentos começaram a mudar, mesmo. Ficava mais refeito a cada dia.

Quando dona Marisa peitou os caras lá de Brasília, senti um orgulho danado!

Daí pensei: "essa é minha família! Eles não vão deixar barato o que me aconteceu!" Suas vidas não serão mais as mesmas! Nem a minha! Tudo aconteceu com um objetivo.

Então fiquei sabendo da promessa de minha mãe. Vi, senti o que me prometeu no fundo da alma. Faria algo. Nada de vingança, de ódio, mas de amor. Amor aos filhos do mundo, aos filhos dessa Pátria que necessitam de segurança, família, escolarização, educação, proteção!... Ah!... Era isso o que se empenharia a fazer. E ela cumpre o que promete!

Minha mãe ganhou forças, extraídas da sua fé, para lutar por uma mudança da Lei que protege menores infratores. Ela reivindica que todo menor, independente da idade, praticante de crime hediondo como homicídio, latrocínio, estupro, sequestro, saia da proteção que tem por sua menor idade e passe a responder pela Legislação comum. Mas que seja protegido e não entregue ou jogado na carceragem comum, para que ele tenha uma chance de se reeducar e ser reabilitado verdadeiramente. Além disso, quer que o Estado tenha a obrigação de indenizar as famílias das vítimas de violência ou indenize a própria vítima, se ela sobreviver. Não que dinheiro traga de volta a vida ou a agressão física ou psicológica sofrida. Dinheiro nenhum paga isso! Mas, quando mexe no bolso dos cofres públicos, o governo se vê na obrigação de oferecer proteção, segurança, escolarização, orientação a todos, pois os direitos deveriam ser iguais para todos, indistintamente de serem vítimas ou agressores.

Sabia que não iam partir para cima do cara. Não iam querer se vingar.

Está bem que essa ideia passava pelo pensamento. Mas, só pelo pensamento. Apesar de ver o ódio estampado no rosto do meu pai... Sei que ele tem um coração e uma alma muito boa. Não passaram de ideias. Não é, pai?

Minha mãe e o Vinicius estavam em outra sintonia e, dessa forma, não fortaleceram o ódio do seu Valdir. Pelo contrário, foram apaziguando o *véio*. É claro que, ainda hoje, ele detesta esse sujeito, porém parou de alimentar o ódio que estava em seu coração.

Odiar o outro não causa mal àquele que agrediu vocês. Causa mal a si mesmo. Deixa crescer, em sua própria alma, a erva daninha que de nada serve.

Fui acompanhando tudo, assim que pude. As reuniões, as missas, as passeatas, as votações. Estava superantenado.

Programa *Encontro com Fátima Bernardes*, João Kleber, TVs, jornais, revistas... Nossa! Tanta coisa!

A homenagem da Faculdade Cásper Líbero... Até aula vocês assistiram. Lógico que foi para uma homenagem, mas assistiram, vai! Minha mãe recebeu uma placa. Legal, né? — Trata-se de uma placa de Honra ao aluno Emérito com a qual Marisa Rita Riello Deppman e a família foram agraciadas.

Fiquei sabendo de tudo. Assistindo ao que não pude participar à época dessa movimentação toda. Depois, quando estava liberado, presenciei e acompanhei ao que acontecia, como faço até hoje.

Tive momentos de altos e baixos.

Dependendo de como as pessoas lidavam com tudo isso, ocorreram instantes em que sofri muito. Sofri pela saudade, por ver a angústia e a dor de vocês. Já, em outras circunstâncias, ficar perto de todos foi muito bom.

Lembro a minha escolha universitária para Rádio e TV na área de Comunicações. Isso me fazia sentir bem, pois o que aconteceu comigo repercutiu muito e serviu para um grande aprendizado. Graças ao que estudei, pude entender isso. Serviu também para o despertar de outras pessoas para a luta contra a impunidade. É claro que tem o lado sensacionalista. Mas isso, profissionalmente, entendo. Faz parte da notícia. É a forma de vender a história e alertar quem for possível para o que está acontecendo.

E minha história tem de servir para algo. Servir para descobrir os meandros da reencarnação, da Lei de Causa e Efeito que depois conto a vocês, além de toda essa comoção.

Fui muito amparado pelas preces, como já havia dito. Milhares de pessoas, de diversas religiões, oraram por mim. Muitas nem sabiam meu nome. Vi algumas mensagens que chegaram para mim tipo: Deus auxilia aquele menino que morreu pelo celular, acompanha sua alma e acalenta o coração de toda sua família. Desse tipo, não foram poucas, ao contrário, foram muitas, muitas mesmo.

Queria saber se alguém orou por ele. Pelo rapaz que tirou minha vida.

Acho que aquele moço também merecia orações, para refletir e se arrepender do que fez, principalmente, para ter uma nova chance. O arrependimento é o despertar da consciência.

Acredito que deveriam rezar por ele. Eu também terei uma nova chance. Essa não foi minha última reencarnação, mas tenho tarefas a desenvolver antes de voltar.

Quando dizem que a prece é um doce remédio, sou obrigado a concordar. Ela é mais que um remédio. É primordial ao tratamento dos desencarnados.

Sou muito grato a todos que rezaram e ainda rezam por mim. Aos meus amados familiares, a minha mãe, meu pai e ao Vinicius, minha tia Márcia, meu tio Júnior, as vovós e aos vovôs, a Isadora, meus primos e a todos do Amor — Amor em Ação é a casa espírita que a família frequenta em Arujá — que também puderam dedicar um tempo para mim.

    Minha querida Isadora, se eu soubesse que ficaria tão pouco tempo com você, teria aproveitado mais... Pisei na bola algumas vezes, mas não faria da mesma forma, se soubesse...

    Meus amigos queridos, todos choraram e oraram por mim. Foi demais quando gritaram meu nome! Cantaram...

    Quanta emoção, cara!...

    Sei que vocês ficaram chocados, incrédulos com o que me aconteceu. Se perguntaram, e acho que se perguntam até hoje, e se isso?... E se aquilo?... Tivesse acontecido para impedir o que ocorreu comigo. Nunca terão resposta, não é mesmo?

    Alguns de vocês se abateram tanto... Sei dos seus sentimentos, do vazio, da dor, da angústia. Ficavam me esperando como se eu fosse chegar, ali, na turma, na roda a qualquer hora.

    Cada um recordava de mim de uma forma diferente. De quando eu chegava cantando, mexia com a galera... Das risadas, das brincadeiras, das zoeiras...

    Aqui eu continuo cantando!

    Quantas lembranças, caras!! Nossos encontros, festas, jogos, reuniões... Cada amigo, uma recordação que guardo no peito. Quanta saudade de vocês...

    Todos oraram por mim. Cada um do seu jeito, claro. Mas oraram. Desejaram que eu estivesse bem. Desejaram que eu estivesse feliz.

    Só uma dica, galera, não usem tanto palavrão, tá ligado? Aprendi isso aqui.

    Hoje venho reiterar o poder da prece e a importância do amor e da gratidão.

    Amo e agradeço a todos. Todos!

CAPÍTULO 6
A primeira carta

O tempo foi passando.

Eu já estava me sentindo muito bem. Achei que pudesse logo mandar um recado para minha família. Até acreditei que seria no *Amor em Ação*.

Estava esperando entrar lá e rever meus amigos. Está certo que, por conta das minhas atividades, estudo e tudo mais, não ia com muita frequência, mas era lá que íamos, que meus avós nos levavam. Porém, para a minha surpresa, não foi lá. Foi bem longe, no sul do país.

Meus amigos falaram que aquele lugar transmitia as mensagens pela internet. Dessa forma, seria mais fácil chegar até minha família.

No *Amor — Cento espírita Amor em Ação*, em Arujá, que a família frequenta — não tinha esse trabalho e não dá para sair falando no ouvido de médium que, se não estiver pronto para a psicografia, não vai nem saber o que fazer com essa informação. Poderiam achar que estavam imaginando coisas, pois me conheciam e conheciam muito bem minha família. Psicografia e mensagens de entes queridos desencarnados, não é fácil. É necessária uma afinidade muito grande entre médium e espírito.

Então fomos ao sul do país.

A primeira vez, só olhei o trabalho, a casa e os trabalhadores.

Na segunda, fui amparado para perto do médium a fim de poder relatar minha história. Não foi fácil. Para quem escutou a leitura depois, deve ter achado que foi moleza, mas doeu minha alma lembrar tudo. Chorei muito.

Depois daquele dia, fiquei aquela semana, novamente, recebendo o tratamento da fluidoterapia. Ficava em meu leito e recebia luzes, de cores maravilhosas que se alternavam de acordo com minhas vibrações. Parecia um abajur. Na verdade, não sei bem como descrever. Era um arame grosso... uma... sei lá... arandela. Ficava presa no que parecia parede com a outra ponta sobre nossas cabeças, uma pequena luz. Seu foco se expandia e chegava sobre minha cabeça como uma garoa bem fina e refrescante.

De vez em quando, sentia como se mãos invisíveis estivessem sobre o meu corpo, como um movimento de limpeza ou um passe energético, retirando uma sujeira que não podia enxergar. Essas mãos irradiavam luzes. Recebia esse tratamento todos os dias.

O Miguel, aquele espírito que ajudou no meu socorro após meu desencarne e me amparou, estava sempre comigo. Vi-o desde o meu despertar na espiritualidade. Depois do primeiro mês e, principalmente, após enviar minha primeira mensagem psicografada, fui conhecendo outros espíritos e lugares. Ganhando força e mais firmeza nos meus pensamentos e, consequentemente, nas minhas atitudes.

Voltei a ser proativo. Tudo ficou mais leve. Ri muito das minhas perguntas sem noção. Fiquei interessado em saber quem estava me dando banho, por assim dizer, porque estava sempre limpo. Na verdade, ninguém me dava banho. Eu gostaria de saber como era o tipo de limpeza utilizada. Tanto eu como os outros estávamos sempre limpos. Como aquilo acontecia? Então o Miguel me falou que, naquele ambiente, não havia sujeira. Simples assim.

Perguntei ao Miguel se ele já havia passado pela experiência do desencarne com tranquilidade ou se foi de outra forma.

Ele respondeu que quanto mais evoluímos, mais tranquila é nossa passagem para o plano espiritual. Poucos estão preparados para o desencarne e um acordar feliz e esclarecido. Morrer por velhice ou de morte natural, não garante despertar suave. É preciso preparo enquanto se está na vida terrena.

A religiosidade ajuda muito. Crer em Deus é primordial. Fazer o bem e entender que estamos na vida terrena de passagem é muito importante. Importante mesmo! Vamos levar para a Pátria espiritual só o que tiver no nosso coração e nada mais. Dinheiro, posses... ficam tudo na Terra. Amor, amizade, carinho, bondade, caridade... Isso a gente leva. Isso conta muito para a nossa evolução. Nossa consciência é nossa alma. Nela, fica registrado o que fazemos de bom para nós mesmos, para nosso corpo, para nossa saúde física e mental, para nós, espírito, e o que fazemos de bom para os outros a nossa volta e no nosso caminho. Quando desenvolvemos paciência e aprendemos a perdoar, conta muito. Muito mesmo.

Aí, ele falou que nem sempre o seu despertar, no plano espiritual, foi tranquilo. À medida que foi evoluindo, era recebido e acolhido com mais amor e cuidado. Quando elevou a consciência e teve encarnações mais leves, em que praticou o bem, não maltratou sua saúde nem seu corpo, muito menos aqueles a sua volta, foi mansamente religioso, acreditando em Deus e nos Seus propósitos de que, nada é por acaso, ele partiu bem melhor para o plano espiritual. Tinha, na consciência, a sensação de dever cumprido.

É muito, muito importante a gente orar e, principalmente, se vigiar. Vigiar o que pensa, o que faz, o que fala. Por isso palavrões não são legais. Não são legais mesmo.

Tudo o que vamos falando e pensando se tornam energias e atraem energias que vão nos rodeando e se impregnam em torno de nós. Quanto mais sentimentos hostis, raiva, ódio, palavras agressivas, mais energias ruins temos junto de nós. Nossa alma vai ficando feia, densa, pesada. Aí começamos a atrair energias negativas, inferiores e também espíritos de baixo nível. Podendo ser espíritos doentes em suas psiques, agressivos, obsessores... Esses espíritos começam a nos acompanhar devido ao nosso comportamento, passam a oferecer ideias e pensamentos nada bons, que nós vamos percebendo e aceitando como se fossem nossos. Acreditamos que são nossos! Entramos na mesma frequência deles e a nossa vida terrena começa a ficar ruim. Nós nos sentimos mal. Sentimos angústia, tristeza sem razão alguma. Nada dá certo, nada está bom... Estados de extrema tristeza e de insatisfação nos dominam. Acontecimentos negativos passam a ocorrer. Não encontramos companhias boas para nossos relacionamentos. Nossas amizades não são sinceras. Passamos a ter problemas com nosso trabalho. Não ficamos satisfeitos com o que fazemos... E tudo isso começou, lá atrás, com pensamentos negativos, palavreado de baixo nível, falta de religiosidade...

Aqui, passei a entender que temos tantas, mas tantas palavras para nos expressarmos e expormos nossos sentimentos que não precisamos de palavrões, termos e expressões tão apreciados por espíritos inferiores e que nos trazem tantas energias negativas.

Aprendi isso aqui. Um dia, tive uma aula muito legal em que o instrutor nos falou tudo isso e nos mostrou, através de uma tela, o que acontece com os encarnados que não se vigiam, que se deixam levar pelo modismo das palavras de baixo nível e atitudes agressivas.

Existe uma legião de espíritos inferiores querendo bagunçar a vida de muitos no plano terreno. Então, aos poucos, eles vão invadindo as ideias e pensamentos dos encarnados e se afinando com aqueles que aceitam e praticam o que sugerem.

A princípio, os encarnados que são formadores de opiniões, os que fazem parte dos meios de comunicação, cultura e arte são envolvidos por sugestões sutis, pensamentos leves para que exponham ou ensinem aos outros a reagirem, falarem de forma a atrair energias e espíritos inferiores, baixando seus níveis morais e espirituais. Deu pra entender?

Dessa forma, conteúdos expostos em músicas, artes, de forma geral, livros e outros, contendo baixo nível moral e espiritual, vão se tornando comuns e as pessoas aceitam.

Devagar, os formadores de opinião, e também as pessoas que os seguem, vão aceitar e praticar o que eles fazem e falam. Vira moda. Vai ser comum, tornando-se normose. Mas, atitudes inferiorizadas não são normais para a alma. Não são normais para quem quer se elevar.

Daí que, espíritos inferiorizados não vão sair de perto de quem pratica isso.

Que perigo, né? Vai virar moda ver agressões e palavrões em filmes. Já repararam como vem aumentando o número de filmes e programas de TV em que falam palavrões? Vem aumentando também o número de filmes agressivos, violentos, com sangue na tela, repararam? Tudo isso é estimulado por espíritos inferiores que agem nas ideias dos que produzem esses filmes e programas para que, aos poucos, tornem-se comuns e vão para a vida real sem que as pessoas se deem conta. Vai virar moda agredir, maltratar, ofender, xingar, falar palavrões... Esse modismo atrai muito desequilíbrio e tudo o que não presta para a vida das pessoas, a longo prazo.

Aquele que tem esse tipo de comportamento, vai se descuidando, achando que pode fazer tudo, falar tudo e, com o tempo, acaba por se arrepender de certas práticas, gerando sentimento de culpa, excesso de bagagem mental, consequentemente, sofrerá de depressão, ansiedade e uma série de transtornos difíceis de cuidar.

Quando se morre, teremos ao nosso lado e para nos receber espíritos com os quais nos afinamos, aqueles que atraímos com o que falamos, pensamos e agimos.

É fácil ter certeza do que eu digo. Querem um exemplo? Então responda você mesmo:

Quem está ao seu lado quando você está orando?

Agora pense:

Quem está ao seu lado quando você está falando palavrões?

Simples, né?

Não creiam que espíritos elevados e evoluídos se deem ao luxo de ficar ouvindo besteiras. Mas, ao contrário deles, espíritos inferiores adoram isso.

Descobri isso aqui. Tive muitas aulas a respeito desse tema. Teria muita coisa para dizer a vocês, mas esse não é o objetivo deste trabalho.

Por essa razão, sou muito grato aos meus avós, meus pais que insistiam tanto para eu ter noção, mesmo que mínima, de Deus, de Jesus, de ensinamentos que me atraíram coisas boas e socorro no meu desencarne.

Deixem suas vidas mais leves, mais simples com o que cultivam perto de vocês. Nosso idioma, principalmente, é muito rico. Existem muitas palavras para nos expressarmos.

Fica a dica, pessoal.

Sobre a morte...

É normal termos medo da morte, mesmo quando nos achamos preparados. Sempre temos medo daquilo que não conhecemos.

Muitos entram, no plano espiritual, da mesma forma que se dorme: suave e tranquilamente. Não percebe o que está acontecendo. É igual a dormir. Foi o meu caso.

A morte é uma viagem.

Quando vamos viajar sozinhos para um lugar desconhecido, ficamos inseguros. Isso é normal.

Mas, quando vamos viajar para um lugar, mesmo que sozinhos, e temos referência de alguém que fez essa viagem e nos conta como foi, ficamos mais confiantes, pois sabemos como as coisas funcionam.

Em vez de um medão, sentimos um medinho.

A morte funciona da mesma forma.

Se a gente se prepara para ela, fazemos a passagem numa boa e, ao chegarmos ao plano espiritual, tudo fica melhor de ser entendido. Tudo fica mais fácil. Compreendemos melhor e mais rápido como as coisas funcionam.

Já sabemos que não dá para voltar. Se tentarmos, vai ser ruim para nós e para aqueles que ficaram. Sabemos que tudo o que é material deve ficar no plano terreno, mas a emoção e os sentimentos que cultivamos, levamos no coração. Fica tudo cravado na alma. Por isso, a razão de cultivarmos só o que é leve.

Quando sabemos disso, nossa passagem fica mais fácil.

Por essa razão, pessoal, não tenha medo de procurar orientação sobre a vida após a morte. Mas procure fontes confiáveis.

Eu indico a Doutrina Espírita. Essa eu conheço. Foi tão bom que meus avós, meus tios, minha mãe, principalmente, permitirem e me darem orientações sobre a vida após a morte. Conhecer esse lado de cá da vida, ajudou incrivelmente minha chegada, minha vivência neste plano. Por causa dos meus afazeres, em plena e intensa juventude, não era muito de frequentar a casa espírita, mas o que aprendi foi de grande valia.

Aqui, na espiritualidade, não tem lugar separado para católico, evangélico, budista e outros. Não, isso não. Aqui é todo o mundo junto.

Todo o mundo junto, mas do mesmo nível, com a mesma elevação moral e afinidade. Se o espírita, o católico ou o evangélico for de um nível inferior, eles permanecem no mesmo nível de outros espíritos inferiorizados e sofredores, independente de suas religiões.

A Doutrina Espírita explica isso de um jeito bem legal e fácil.

Os encarnados que foram bons, prudentes, amorosos com todas as criaturas vivas de Deus são elevados e merecedores de um bom lugar, independente de suas religiões. Aqueles que não foram tão bons passam por dificuldades após o desencarne, porque se atraem para lugares nada legais, independente das suas religiões.

Voltamos àquilo que falei há pouco. As práticas de uma pessoa vão atraí-la para junto de espíritos que fazem o mesmo que ela e, logicamente, para regiões onde a psicosfera, a esfera mental de todos, seja semelhante. Os maus vão para lugares ruins. Os bons, para bons lugares.

Lógico que, um dia, eles vão sair desses lugares. Um dia, vão elevar a consciência, orar de verdade e pedir socorro e Deus vai enviar espíritos preparados para socorrê-los. Vão ser tratados, orientados, preparados para novo reencarne e voltarão ao plano físico, nascendo de novo, para resgatarem tudo o que não fizeram de certo. Vão ter de corrigir seus erros. Sabe por que isso? Porque Deus é justo. Vai dar a cada um conforme as suas obras. Precisamos aprender a ser bons e generosos como Deus.

Todos que desencarnam e vão para um lugar que não é legal são socorridos, mais cedo ou mais tarde. O tempo que ficarão lá, nesses planos espirituais inferiores, pode ser complicado, doloroso. Vão ficar vendo tudo o que fizeram de ruim. Podem ser perseguidos por seus algozes, que também não estão em lugar legal... Nossa!... Deve ser muito chato.

Passamos várias vezes pelo reencarne e desencarne. Nascer e morrer. Mas não lembramos isso.

O esquecimento do passado é uma bênção. Não suportaríamos saber as burradas que cometemos para vivermos as dificuldades que enfrentamos hoje. Sentimentos de culpa prejudicariam nossa evolução, nosso equilíbrio emocional.

Por isso, pessoal, é bom ser bom. Fazer o bem a partir de nós, buscando ter bons pensamentos. Vamos ganhar muito com isso.

Fica o recado.

E assim fui continuando meus dias...

Queria entender tudo, principalmente o motivo da minha repentina partida e de forma tão violenta. Miguel me prometeu amparar e ajudar nessa empreitada, mas com calma, paciência e, sobretudo, autorização.

Como assim autorização? Eu pensei. A vida não era minha? Não poderia saber de tudo?

Que engraçado, né?

Mais uma vez ele me acalmou. Disse que, quando estivesse pronto, saberia de tudo e mais, não seria só para sanar minha curiosidade, mas sim para servir a outros como exemplo. Pediu que eu esperasse. Confesso que sou ansioso e foi muito difícil esperar, mas esperei.

É bom ver que conseguimos nos reunir nas existências terrenas.

Como havia comentado com vocês, sou muito ansioso, queria contar cada detalhe para que possam entender a vida após a morte, os meandros do compromisso reencarnatório, a necessidade da reestruturação emocional e familiar daqueles que ficam sobre a Terra, após a partida de seus familiares e a necessidade das mudanças de atitudes, vibrações e sentimentos sobre a educação, saúde e violência.

Muita gente clama por não à violência. Mas não se dá conta de que a violência começa em nós. Começa em cada pensamento em que criticamos o outro. Naquela ideia de intolerância e não aceitação. No pensamento em que xingamos uma situação ou pessoa. É... A violência começa aí, no pensamento.

Quando criticamos, xingamos, somos intolerantes, mostramos nosso egoísmo.

Tenho acompanhado muita coisa de nossa cidade. Como a violência tem crescido!...

O desrespeito às pessoas, elas se machucando, matam-se por qualquer bobagem, sem avaliar a própria vida.

Quantos maridos e mulheres são atraídos pelo crime para lavar a honra diante da traição ou diante da situação financeira, que afeta muito o casamento.

Lá em casa, meus pais sempre foram exemplos de um casamento bem equilibrado. Meus avós e tios também. Não que não houvesse brigas ou discussões, mas sempre se respeitavam, querendo o melhor para nossa família.

Hoje, muitas pessoas pensam em competir dentro do próprio lar.

Quantas crianças são agredidas por seus pais ou irmãos, além de colocadas em trabalho indevido tão cedo? Quantas são marginalizadas nas ruas, vendendo balas, chocolates e até a si mesmas? Tudo isso é triste.

Vocês, talvez, estejam se perguntando: por que eu estou falando sobre isso, se minha proposta é falar de mim, do que aconteceu comigo?

Na verdade, tem tudo a ver com o que aconteceu comigo.

De onde vocês acham que veio o cara que atirou em mim?

De uma família estruturada?

De um lar amoroso?

De condições financeiras estáveis?

De um casal que se amava e se respeitava?

Não. Nada disso. Não quero aqui justificar sua atitude, até porque, eu, mais do que ninguém, sofri com isso. Há muitos que passaram e vão passar por situações semelhantes e não chegaram a essa atitude horrenda de tirar a vida de outra pessoa em um roubo estúpido de um celular. Sabemos disso.

Com toda a certeza, aquele rapaz, que tirou a minha vida, veio do lado triste da nossa sociedade. Seu caráter foi moldado pela falta de estrutura na família, se é que teve uma. Em sua casa, muito provavelmente, nunca teve pais amorosos. Nunca teve pai e mãe, ali, zelando por ele, cuidando, orientando, insistindo para que seguisse um caminho bom.

Hoje em dia, quando falamos de família, da importância dela, da necessidade de pai e mãe deixar de olhar o celular e olhar para os olhos de seus filhos, muitos olham torto. Acham que o jovem sabe se virar. Acham que pai e mãe precisam respeitar a privacidade de seus filhos.

Nossa! Como isso está errado!

Só podemos ter privacidade quando saímos da casa dos nossos pais e passamos a pagar nossas próprias contas, sozinhos. Só temos direito à privacidade quando somos capazes de, sozinhos, resolvermos, plenamente bem, todas as nossas dificuldades e os nossos problemas.

Mas, antes disso, precisamos de quem nos ensine a ter princípios, respeito, caráter, estrutura, comprometimento com o que é bom, saudável, honesto. E ninguém para ensinar melhor isso do que uma família estruturada, que tenha amor pelo filho.

Ah!... Aí sim, depois disso, temos direito à privacidade. E então descobrimos que, quando fazemos as coisas corretas e equilibradas, não precisamos de privacidade.

Só escondemos dos outros e também dos nossos pais, aquilo que não é correto nem saudável fazer. Isso mesmo. Se fazemos coisas certas, não precisamos esconder de nossos pais nem de ninguém.

Devido a sua criação, o rapaz que tirou minha vida, transferiu para os seus atos toda sua maldade, sua dor e seu sofrimento. Ele ofereceu à sociedade, a mim, em particular, tudo o que recebeu da sua família desde a infância até aquele ponto de sua adolescência, pois era um adolescente quando me matou.

Isso serviu de lição. Sei que sim. Eu o tenho acompanhado.

É preciso saber que, à margem de nossa vidinha perfeita, tem um mundo escuro, duro e sombrio. Cabe a todos levar a luz e o auxílio necessário a essas crianças e jovens para que não cresçam como monstros das histórias de horror, que só sabem fazer o mal e se comprazem com ele.

Talvez, a medida punitiva não seja tão eficaz quanto a preventiva. A paliativa, que hoje existe, não serve para consertar, arrumar o caos que está instalado na sociedade brasileira, escondido embaixo do tapete da periferia e das comunidades.

Hoje, estou muito politizado. Mas...

Pediram que, ao escrever minha história, ela fosse de um significado maior para um todo. Tudo o que vem da espiritualidade deve nos servir de conhecimento, de alerta, de aprendizado.

Quantas pessoas foram vítimas da sociedade como eu? Poucas? Infelizmente, não. Infelizmente existem muitas. Muitos Guilhermes Lois, Isadoras, Isabelas, Marcelos, Lucas... e tantos outros que perderam suas vidas por tão pouco... Tão poucos valores valeram vidas... Pouca coisa é feita por aqueles que empunhavam as armas que nos atingiram! Não importa se eram jovens como eu.

Aqueles que, aqui, incentivam e me amparam para que eu escreva, espíritos que são meus instrutores, pediram-me para aproveitar meus conhecimentos, na área de comunicação, para relatar algumas notícias daqui e daí. Fiz bem pouco isso quando encarnado. Estava engatinhando nos meus estudos e na minha própria vida. Poucas coisas eu levava a sério, mas a faculdade!... Essa sim, eu me dedicava. Gostava mesmo do meu curso. Tinha feito a escolha certa. Mas não poderia imaginar que seria um preparo para a comunicação entre plano espiritual e físico.

Se eu pudesse fazer novas perguntas para os que ficaram por aí, iriam faltar páginas para escrever. Daqui, hoje, tudo parece tão fácil. Quando estamos aí complicamos muito. Queremos muito. Somos muito acelerados. Não precisamos de tantas coisas e de tanta correria. Podemos ir devagar, aproveitar melhor as oportunidades... Mas não vemos dessa forma.

Sou muito grato a minha família por ter me apoiado tanto em minhas decisões.

CAPÍTULO 7
A história de Mirella

Quero falar um pouco com você, mãe, Dona Marisa! Mulher maravilhosa! Como é bom ver sua força! É claro que vejo algumas recaídas, quando bate aquela deprê de saudade doida... Teve umas semanas que foram assim. Falou que não ia chorar, mas chorou, que eu vi! Quase nada, mas chorou, né? Vamos lá, mãe! Vamos falar um pouco para que entenda, embora sei que já sabe.

Pude compreender que nossas dificuldades de hoje deram-se pelo nosso passado.

Sempre te amei muito. Vivemos muitas oportunidades juntos e vou relatar algumas delas para deixar aqui registrado. Nas nossas trajetórias, sempre te amei. Como mãe, filha... Em várias oportunidades, tivemos reencarnações próximas para nos ajudarmos. Crescemos juntos e auxiliamos alguns que também vieram conosco.

Lembra de quando você sonhou com o convento? Pois é. Tudo verdade. Estávamos lá.

Vou contar um pouco dessa época.

Foi no norte europeu. Uma região fria e muito úmida.

Seu nome era Mirella. Um lindo nome que tem significado de *mar iluminado*, *aquela que é admirada*, ou algo assim.

Eu fui gerado, pelo que consideravam, na época, como pecado.

Onde já se viu, uma menina devotada a Deus, gerar um filho do pecado?

As perdas de Mirella foram grandes. Seus sofrimentos levaram-na àquele lugar e acabou se apaixonando por um homem também de Deus e gerou um filho.

Perder os pais pela violência da guerra, deixou Mirella desamparada.

Só lhe restaram duas opções: a vida no convento ou a vida nas ruas.

Um soldado a encontrou entre os escombros da uma casa tentando achar alguém com vida. Ele não teve dúvida: levou-a para o convento onde tornou-se uma noviça.

Naquela encarnação, tão jovem e bonita, vivia, em sua ingenuidade, a certeza de que iria ser protegida por sua família. Pele clara, olhos azuis, cabelos loiros... E uma beleza que chamava a atenção. Sua face ficava ruborizada quando alguém dizia isso ou só com o calor do sol. Apesar de que aquele lugar era tão úmido, com tão pouco sol...

A constante fumaça provocada pela guerra e a neblina natural da região deixavam tudo úmido e sem boa visibilidade. O chão de terra, sempre transformada em lama, deixou Mirella, uma menina com pouco mais de quatorze anos, toda suja. O soldado que a encontrou tinha uma filha da mesma idade e não deixou que nada de mau lhe acontecesse. Já bastava o sofrimento que tinha vivido com a morte de seus pais.

Mirella estava chegando à sua casa, quando a viu destruída. Os corpos dos seus pais ainda estavam por lá. Mas o soldado, sabendo disso, impediu-a de ver aquela cena horrorosa.

O tempo foi passando.

Ao vê-la, Brendo, o novo pároco encantou-se e foi correspondido.

Como não amar uma jovem doce? Vivia lendo, ajudando a todos... E assim ele se apaixonou. Era mais velho, com mais conhecimento da vida.

Talvez, a proibição tenha estimulado a aproximação e o amor.

Encontravam-se às escondidas, em vários lugares do convento, que tinha a igreja anexa à moradia do padre.

A madre superiora, de nome Conceição, percebeu que havia algo entre vocês. Ela observou o modo como o padre direcionava olhares quando a encontrava e a tratava com excessivo carinho.

Em uma das fugas de suas tarefas a madre teve a ideia de segui-la e, sem demora, surpreendeu-os juntos.

A madre não hesitou. Pediu logo a transferência do eclesiástico para outro lugar.

Por ter família muito influente na cidade e não querer ter seu nome envolvido em escândalos, o pároco foi transferido rapidamente.

Nem puderam se despedir. Foram proibidos de se verem uma última vez.

Brendo, temendo sua família e o que os outros iriam pensar, não lutou por seu amor.

Mirella guardou, na memória e no seu coração, o sorriso e as risadas que deram juntos.

Passaram-se quatro meses até a madre superiora reparar que Mirella estava diferente.

Logo percebeu que me gerava. Eu crescia em seu ventre.

Essa jovem noviça sabia que eu estava lá, talvez desde o momento da minha concepção, quando trocaram juras de amor eterno. Não contou nada a ninguém. Nem mesmo em confissões com o novo pároco.

Fui crescendo. A madre superiora Conceição não falava nada a ninguém. Só observava, proibindo-a de andar pelo convento. Deixou-a reclusa para que ninguém lhe visse.

No dia em que Mirella começou a sentir que eu iria nascer, tentou pedir a Deus que nos auxiliasse.

Rogou que a madre Conceição fosse misericordiosa e nos mandasse até meu pai, o padre que foi transferido, ou, pelo menos, levasse notícias nossas a ele.

Na verdade, ele não sabia, sequer, que o amor de ambos havia gerado uma vida.

A dor do parto deixou-a tonta. Começou a suar muito. A alteração da pressão arterial quase a fez desmaiar. O medo era intenso.

Mirella não entendia por que seu corpo não agia naturalmente para que eu nascesse sem chamar a atenção de ninguém.

Quando a madre veio até sua cela, aquele pequeno quarto no convento, a jovem noviça ficou pálida e seu medo cresceu mais ainda. Entrou em desespero.

A madre chamou uma parteira que havia conhecido antes de seus votos. Ela deveria auxiliar meu nascimento.

Foram horas de sofrimento.

Enfim, nasci.

A jovem mãe perdeu muito sangue e desmaiou logo em seguida. Mas, antes, conseguiu ouvir meu choro e escutar a mulher dizer à madre superiora que era um menino sadio.

Desmaiou com lágrimas correndo de seus olhos. Cobriram sua face. Sequer me viu. Sabia que me amava muito e estaria sempre comigo.

Na verdade, naquele momento, nada foi como pensou. Haveria ainda muita dor e sofrimento.

É importante compreendermos que a existência espiritual é eterna. Teremos quantas oportunidades de reencarnar forem necessárias para o nosso aprendizado e reparar nossas falhas. Não pense que o que fazemos de errado passa batido, é ignorado por Deus, porque não é. Temos de corrigir, nesta ou em outra vida, o que fizermos de errado para nós mesmos ou para os outros.

A Terra é escola bendita da vida que nos ensina tudo para o amadurecimento e evolução como espíritos.

Somos individualizadas criaturas de Deus, capazes de aprender, mesmo que seja preciso repetir nossas provas e expiações, ou seja, vamos aprender de um jeito ou de outro.

Não existem inocentes. Sofremos consequências do nosso passado.

Todos os nossos erros ficam gravados em nosso espírito, em nosso inconsciente.

Aquele que apresenta mais erros, que pratica mais erros, ainda é um ser que precisa muito evoluir. Pode ser bem inteligente ou sagaz, mas, estando inclinado às más tendências, dificultando os caminhos daqueles que praticam a bondade, terá muito o que aprender, crescer e ajustar.

É a lei de causa e efeito, de ação e reação...

As Leis de Deus são tão maravilhosamente perfeitas que são as mesmas para mim e para vocês. Elas não mudam. São justas.

Sempre vamos evoluindo e corrigindo nossos erros, nossas falhas através das reencarnações. Por isso, o esquecimento é uma bênção!

Não lembramos as burradas que fizemos em outras vidas. Se lembrássemos, sofreríamos muito.

Na vida atual, próximos de pessoas que prejudicamos, o nosso inconsciente, quando sente o peso da culpa e deseja reparar o que fez de errado, pede-nos para ajudar aquela pessoa. E então passamos a praticar o bem, fazer coisas boas, desenvolver o amor. Com isso, revertemos o que fizemos de ruim.

Dessa forma, encontramos pessoas que desejamos carregar no colo, assim como pessoas que nos carregam no colo.

É daí que nasce o amor incondicional.

A madre superiora mandou me colocar na Roda dos Enjeitados[1] do orfanato, que já estava superlotado, porque muitas das crianças haviam perdido seus pais na guerra e outras nascidas pelo abuso de mulheres quando os soldados invadiram a cidade e, por isso, foram abandonadas lá.

A mulher, que me amparou ao nascer, levou-me envolto em panos para não ser visto pelos demais. Ela não teve coragem de cumprir a ordem da madre e me deixar no orfanato.

Essa parteira morava longe, escondida entre fazendas. Ganhava seu dinheiro auxiliando, não só nos partos, mas também nos abortos clandestinos realizados por mulheres cujos maridos viajavam e elas não queriam exibir que desonraram seus casamentos, por mães que desejavam afirmar à sociedade que suas filhas eram donzelas honrosas, por mulheres

---

[1] Nota: Roda dos Enjeitados ou Roda dos Expostos era um mecanismo utilizado para abandonar recém-nascidos para que ficassem aos cuidados de uma instituição de caridade. O mecanismo, em formato de tambor giratório com portinha, embutido em uma parede, era colocado de tal forma que, quem colocasse ali uma criança não era visto por quem a recebia, do outro lado da parede.

que viviam do sexo e que não poderiam, por causa de uma barriga, ficar longe desse comércio que as sustentava.

Dessa forma, vivi cinco anos escondido. Tão perto e tão longe dos olhos e do abraço de minha mãe verdadeira.

Quando perguntavam sobre a minha presença, a mulher dizia que era seu neto. Filho de uma filha que havia caído no mundo e me abandonado.

Apesar do que fazia, era muito doce comigo. Tratava-me bem.

Decidiu me adotar, porque, naquela época, era muito sozinha. Seu companheiro havia falecido há pouco tempo. Na verdade, não tiveram filhos. Falou que eu era filho de sua filha só para despistar curiosos.

Eu era levado, como toda criança, mas um bom menino.

Tinha muitos pesadelos. À noite, ouvia crianças chorando, mulheres brigando com a parteira, que aprendi a chamar de vó.

Tinha até medo de dormir. Tinha medo quando a noite chegava. Depois, acostumei-me.

Os anos foram passando e, com o tempo, essa senhora começou a adoecer. Foi ficando cansada demais. As energias inferiores de suas práticas provocavam-lhe doenças na alma. Estava impregnada de tristeza e dor. Espíritos dos abortados que morreram por suas mãos, perseguiam-na, causticavam seus pensamentos torturando-a com muitas ideias e até sonhos do que havia feito. Um estado, hoje conhecido como depressão, dominava-a e a castigava em demasia. A pobre mulher teria muito o que refazer para corrigir seus atos cruéis contra crianças inocentes, mortas por suas mãos através do aborto.

Estava velha e já não podia sair de casa para atender. Só era procurada por quem poderia ir até sua casa. Afinal, era a única coisa que sabia fazer e precisava de dinheiro para sobreviver.

Foi quando uma jovem mulher chegou pedindo ajuda. Estava esperando um bebê indesejado e queria se livrar do que, para ela, era um problema.

A parteira fez o serviço. Mas estava tão debilitada, física e espiritualmente, que acabou falecendo durante o procedimento.

A mulher que recorreu a ela não passou bem. Tinha perdido muito sangue e eu fiquei, ali, sem entender muita coisa. Ela me pedia ajuda. Fiz o que pude.

Tentei acordar aquela a quem chamava de vó, mas ela não abria os olhos. Não se mexia.

Passaram-se três dias. Eu comia o que havia na casa: um pouco de pão, queijo, leite e frutas. Também era o que dava para aquela mulher. Com cinco anos, não sabia direito o que fazer.

A minha suposta avó continuava sem se mexer e dela já começava a exalar um forte cheiro. O corpo tornava-se estranho.

A mulher que havia chegado ali foi melhorando com meus simples cuidados. Quando conseguiu se levantar, começou a pegar algumas coisas para ir embora. Pedi que não me deixasse. Entendi que minha avó não mais acordaria e eu não saberia o que fazer. Comecei a ficar desesperado. Chorei.

A contragosto, apenas por tê-la auxiliado, ela me levou consigo.

Naquele momento começaram meus desafios.

Após o parto complicado, de tão exausta, Mirella desmaiou. Depois acordou, dormiu... Quando despertou, logo procurou por seu filho. Mas não o viu ao seu lado, muito menos na cela. Aquele quarto minúsculo. Chorou.

A madre disse que seu filho havia morrido. Mas, em seu coração, a jovem noviça sabia que ele estava vivo. Nunca deixaria de amá-lo.

Quando conseguiu se levantar, desperta e fortalecida, foi até a madre Conceição para saber a verdade. Não temeu encará-la, exigindo:

— Sei que meu filho está vivo! Ouvi a parteira dizer que era um menino saudável. Eu ouvi seu choro! Onde está o meu filho?!

A madre mentiu e confirmou minha morte.

— Seu filho está morto! Ele era a pobre criatura de um nefasto pecado! Deus achou melhor levá-lo para que não sofresse, neste mundo, a dor de saber que era fruto do devaneio de uma freira e um padreco inconsequente.

Mirella não se conformou. Sentia que as palavras da madre eram mentirosas.

— Meu filho está vivo e vou achá-lo! Nem que para isso tenha de andar por todo o mundo! Mundo que será pequeno para meus passos, mas não para meu coração! Não vou lhe desejar o mal que me fez, mesmo porque, não haveria, neste mundo, algo tão doloroso quanto o que me causou. Mas Deus há de olhar por mim e pelo meu filho. Quanto a você?... Pobre de ti! Como pode uma mulher dizer amar a Deus e tirar um filho de uma mãe?!

Mirella voltou para sua cela, pegou suas pouquíssimas coisas e andou por corredores. Chegando às grandes portas daquele convento, disse:

— Vou encontrar meu filho. Meu amor será responsável por nosso reencontro. Deus vai me guiar. Vou encontrá-lo. Vou tê-lo em meus braços e ele poderá sentir meus mais profundos sentimentos.

A princípio, Mirella caminhou a ermo. Não sabia o que fazer nem por onde começar.

Ela orou. Depois foi para a cidade procurar informações sobre a parteira que havia feito seu parto.

Acreditava que Deus a ajudaria.

CAPÍTULO 8
A busca pelo filho

Mirella andou muito.

O nevoeiro da região anunciava a chegada de uma noite densa e fria.

Cansada, perto de um vilarejo, antes da cidade, viu uma casa ao longo do caminho e parou ali para pedir água, porém com a intenção de ganhar abrigo também.

Um medo e uma angústia enchiam seu coração de insegurança. Mas sua fé a fazia ser forte para enfrentar tantos sentimentos fortes.

Chamou perguntando pelos donos da casa. Não demorou, um rapaz veio atendê-la.

Ele quis saber em que poderia ajudar.

Quando a bela Mirella pediu-lhe água, ouviu-se um forte gemido de dor.

O moço entrou às pressas e a largou sozinha à porta.

Seu instinto a fez com que passasse pelos batentes e adentrasse a casa, mesmo sem ser convidada.

— O que está acontecendo? Posso ajudar em algo? — perguntou ela ao observar uma senhora com aparência debilitada, deitada em um leito muito alvo.

— É minha mãe. Ela está muito doente. Cuido dela, mas acho que não em vão. Chego tão cansado que, sequer, consegui preparar algo para comer.

— Posso ajudá-lo, se me permitir. Vejo realmente que ela está muito fraca. Posso preparar algo para comer e cuidar dela. Em troca pelo serviço, posso me alimentar também.

O rapaz achou que Deus havia lhe mandado um anjo. Já não dormia nem comia direito há muito tempo. Só sabia fazer um caldo ralo, que era a única coisa que sua mãe conseguia engolir, além da água.

— Senhorita, foi Deus que lhe fez bater em minha porta. Se puder me ajudar, serei eternamente grato. Estou muito cansado e desesperado por não conseguir cuidar direito de minha mãe. Se puder me ajudar, poderá passar a noite aqui e se alimentar também.

Seja bem-vinda. Meu nome é Angus.

❋

Encontramos muitas pessoas em nossos caminhos. Passado e presente se cruzam. Às vezes, quando nos deparamos com alguém, não sabemos de onde uma simpatia aparece, uma alegria é despertada em nosso ser ou uma antipatia toma conta de nosso coração.

Difícil interpretar. Mas as experiências de vidas passadas nos fazem nutrir sentimentos inexplicáveis por desconhecidos.

Por isso, afirmo novamente, o esquecimento é uma bênção!

Amamos sem entender, não gostamos sem justificativas... Mas sabemos que, no final das contas, tudo vai acabar em amor. Deus sempre quer que aprendamos a amar.

É importante não identificarmos algumas pessoas dessa história, mas, ao lado delas, quando encarnados, nosso coração fala.

Angus achou que um anjo de luz havia batido a sua porta. Simpatizou com Mirella imediatamente.

A casa iluminada por velas pareceu, na visão do rapaz, ter ganhado mais luz naquele anoitecer escuro e frio.

A jovem, que ele desconhecia ser uma noviça que havia acabado de abandonar o convento em busca de seu filho, fez um caldo forte e saboroso.

Mirella levou a refeição até a senhora acamada. Serviu-a colher por colher. Em seguida, segurou sua face sofrida e lhe serviu água.

Seus olhos se fixaram nela. A jovem pôde ver um brilho lindo, que lhe pareceu familiar. Dos lábios cansados, saíram palavras de gratidão e ternura por aquele gesto de carinho.

— Filha, ainda hoje vou partir. Agradeço a Deus por você ter surgido. Ainda menino, meu filho perdeu o pai... Agora eu me vou... Fique ao seu lado. Não o deixe só. Nossa família já foi dizimada pela guerra. Angus ficou sozinho cuidando de mim... da casa e do que restou. Agora não há motivos para que ele fique aqui. Seria bom conhecer o mundo como sempre quis. Deus reservou a felicidade para o meu filho... Eu sei... Ele deve viver livre... É um bom homem... Angus fala com aqueles que não são vistos e isso nunca o atormentou. É uma forma de ajudar ao próximo e conservar suas virtudes... Filha... Aceite que te ampare em tua busca... Em teus olhos vejo muita tristeza, mas... Confia, menina. Deus olha por todos os seus filhos... — foram suas últimas palavras.

A senhora adormeceu.

Mirella e Angus, juntos à mesa de jantar, permaneceram calados por algum tempo.

Ela o serviu com a sopa quente.

Encantado, o rapaz ficou muito grato pela generosidade. Os modos suaves e educados da jovem chamaram-lhes a atenção.

Era a primeira vez que, em muito tempo, tinha companhia.

Conversaram um pouco, mas o dia havia sido tão intenso para ambos que logo precisaram se recolher.

Não sabiam, mas já estavam destinados a uma jornada de amizade e amor fraternal.

A educação recebida o fez ceder sua cama para a visitante e, no chão de outro cômodo, Angus arrumou para si uma cama e, forrando-a com pele de um animal, deitou-se.

Apesar do medo que apertava seu coração, Mirella sentia-se segura. Uma paz estranha invadiu seu ser. De alguma forma, sabia que estava amparada, embora ainda restasse uma ponta de medo.

Não demorou e o cansaço venceu.

A bela jovem adormeceu e sonhou com Brendo, o padre, pai de seu filho.

A seu ver foi um sonho, mas tratava-se de um encontro de almas durante o sono.

Viu-o com olhar entristecido, apático e sem querer conversar.

Aproximando-se, perguntou o que estava acontecendo. Por que não estava feliz ao vê-la? O que havia acontecido com suas juras de amor? Onde estava o cumprimento de suas promessas?

Brendo, oprimido e sem jeito, contou:

— Minha família não queria me perder como perderam meu irmão nas batalhas. Por isso, deu muito de nossa fortuna para a Igreja a fim de me afastar das lutas para as quais vão todos os soldados solicitados. Quando fui transferido, contei aos meus pais sobre minha paixão por você. Minha mãe ficou abalada, desesperada... Meu pai, muito severo, lembrou-me dos meus votos, do que poderia acontecer a mim e a eles também, caso eu insistisse nessa insanidade de pretender, como mulher, uma noviça. Foi muito embaraçoso. Não consegui enfrentar meu pai e me entreguei ao meu destino. Não sei o que aconteceu com você. Sinto sua falta, mas sei que não posso ajudar. Meu coração sofre, porém não encontro forças para vencer meus votos com a Igreja, meus pais. Rogo a Deus por forças... Quero reencontrar você novamente para pedir-lhe perdão por minhas fraquezas.

Apesar de esse encontro parecer um sonho, Mirella foi capaz de entender que Brendo era um homem fraco e indeciso. Não poderia esperar muito dele nem de seu amor. Virando as costas, ela seguiu entre lágrimas silenciosas que marcavam seu caminho.

Como se sentisse cair, despertou em um susto.

O sonho era confuso e logo foi esquecido, embora um sentimento de vazio e uma tristeza indefinida pairavam em sua alma. Seu coração apertava sem entender o porquê.

Sentiu uma lágrima quente em sua face. Secou-a com as costas da mão e se levantou. Por um breve momento, não sabia onde estava. Mas, logo se lembrou do dia, ou melhor, dos dias anteriores até chegar ali.

O sol nascia quando Angus também despertou. Havia dormido bem. Uma noite de sono como há muito não tinha.

Acordou descansado, experimentando grande leveza.

Havia esquecido os trabalhos e as preocupações com sua mãe. Também se esqueceu de sua inquietação com o futuro, o que há muito o incomodava.

Levantou-se e procurou não fazer barulho para não acordar sua mãe e a hóspede que ali estava.

Foi para a cozinha e acendeu a lenha do fogão.

No quintal, ordenhou a cabra antes de soltá-la para o pasto e voltou com uma vasilha de leite, que levou ao fogo para aquecer.

De um pão velho, sovado há alguns dias, cortou fatias que levou para assar.

Mirella foi ao encontro do cheiro que emanava da cozinha e admirou-se.

Ao vê-la, Angus sorriu. Talvez, um sorriso tímido que poucos conheceram.

Cumprimentaram-se e ele indicou-lhe um lugar à mesa ao mesmo tempo em que pegava um pouco do leite aquecido para sua mãe.

Sem muito conversar, foi para o quarto da senhora com a caneca na mão.

Ao adentrar no aposento, surpreendeu-se por encontrá-la adormecida.

Tocando sua face, sentiu-a gelada.

A mulher havia fechado os olhos para o plano físico. Tinha sido amparada por benfeitores espirituais durante o sono.

Ajoelhado aos pés da cama, o filho chorou.

Mirella foi capaz de entender sua dor. A dor da perda.

Alguns preparativos rápidos e enterraram a mãe do rapaz em uma cova perto de suas roseiras bem ao fundo da casa. Um costume da época: enterrar entes queridos no próprio quintal. Hoje, abolido.

Os jovens fizeram uma prece.

Mirella disse lindas palavras que aprendeu no convento onde viveu por anos.

Após o enterro da mãe de Angus, não sabiam o que fazer de imediato e voltaram para casa.

Havia um vazio, certa insegurança e desejo de uma vida nova. Mas como começar? Por onde?

Angus viu-se liberto de qualquer vínculo naquele lugar.

Evidentemente, estava triste com a partida de sua mãe, embora sentisse que ela estivesse bem. Sabia que, de alguma forma, estava com Deus. Os ensinamentos católicos diziam que os bons iam para o céu. Ele acreditava nisso. Sua mãe sempre foi uma alma generosa, caridosa e cumpridora de suas tarefas com resignação e fé. Era religiosa e temente a Deus. Ela estava bem.

Agora, ele poderia conhecer o mundo como sempre quis e buscar novos rumos. Em seu íntimo, sabia ter uma missão entre os homens. Seu desejo era de ajudar pessoas. Seguiria sua fé. Deus o guiaria. Tinha certeza disso.

Por outro lado, Mirella desejava encontrar seu filho. Uma força interior a movia. Acreditava que, de algum jeito, seria guiada até ele.

Quando a jovem pegou suas coisas para partir, Angus a deteve e disse:

— Vamos juntos. Nada mais me prende aqui.

As coisas da jovem estavam em uma pequena trouxa.

Ele pegou o que precisava, soltou os animais e, simplesmente, fechou a porta da modesta casa.

Olharam-se. Sem nenhuma palavra, partiram.

Em uma carroça, com dois cavalos fortes, pegaram a estrada.

Boa parte do caminho foi feita em silêncio. Após a primeira parada e uma refeição humilde, começaram a conversar.

Mirella contou sobre ter perdido um irmão para a guerra que assolou o país e, em seguida, falou da morte dos seus pais na invasão da cidade.

Comentou sobre ter sido levada para um convento onde lá se tornou noviça. Conheceu um padre, o amor de sua vida. Falou também sobre o filho que lhe foi tirado.

Respeitoso, ele a ouviu em silêncio e não a julgou.

Em seu coração, sentia que deveria ajudá-la.

Depois, o rapaz falou um pouco de si. Mas não se alongou.

Logo, seguiram viagem.

CAPÍTULO 9
Reencontrando Brendo

Chegaram à cidade onde Mirella morou.

Desde que foi para o convento, nunca mais tinha retornado ali. Tudo parecia do mesmo jeito, desde a morte de seus pais. Somente mais cinza e suja.

A única mudança foi a igreja central que havia sido reformada, mas continuava sombria perto de toda aquela destruição. As casas, ao redor, continuavam destroçadas. Uma cena bem triste de se ver.

Na praça, a fonte ainda funcionava. Olhou-a por alguns minutos. Escutou o barulho da água que jorrava e lembrou-se das muitas vezes que, na infância, corria em volta do chafariz, molhava os dedos na água que caia e respingava em seu irmão, o que havia falecido na guerra.

As lembranças provocaram uma dor de saudade. Se sua família não tivesse morrido, nada daquilo teria acontecido em sua vida. A reclusão no convento, o filho roubado...

Estranhos os caminhos que surgem. Só Deus para explicá-los.

Angus respeitou seus momentos reflexivos com absoluto silêncio.

Quando Mirella pareceu despertar de suas recordações, generosamente, pediu ao amigo que tentasse descobrir onde era a casa da tal parteira. Precisava ter notícias de seu filho e faria qualquer coisa para isso.

Angus, com seus dons naturais de mediunidade, não comentou que via, ao lado da amiga, a imagem de um espírito de luz que o incentivava ajudá-la.

Ele ficou feliz pela confiança. Não sabia dizer onde aquela amizade fraterna os levaria, mas estava disposto a ajudar.

O rapaz não comentava sobre seus dons. Tinha medo de que as pessoas o achassem estranho. Medo de que o rejeitassem.

Sem dizer nada, tratou de sair em busca das primeiras informações.

Sem demora, Angus foi até a igreja em que havia sido batizado e, atendido por uma senhora que cuidava da arrumação e limpeza, foi informado de que havia uma parteira que morava ao longo do vilarejo, entre fazendas e plantações. Bondosa, a senhora deu-lhe várias referências de como chegar ao lugar.

Após agradecer, voltou à carroça, informou Mirella e seguiram para lá.

Chegaram à residência modesta, que lhe foi indicada.

Mirella tremia. Lágrimas rolaram em sua face. Não tinha condições de bater à porta e pediu ao amigo que o fizesse.

Sem demora, Angus bateu palmas e chamou por alguém da casa.

Ao abrir da porta, Mirella teve uma grande decepção. A mulher que surgiu não foi a mesma que havia feito seu parto. Era outra. Nunca a tinha visto.

Mesmo assim, Angus insistiu. Perguntou se havia feito algum parto no convento. Diante da resposta negativa, o moço insistiu mais uma vez. Quis saber se a senhora não havia sabido de alguma história desse tipo, pois estavam buscando encontrar uma criança que nasceu naquele convento pelas mãos de uma parteira da região.

Novamente, a negativa.

Mirella já havia entendido. Chorava um pranto de dor e desesperança.

A mulher se aproximou e, apiedada, voltou para o interior da casa simplória e retornou com água para ambos.

Ao ver a jovem mais calma, tentou dar-lhe esperanças com palavras que lhe tocaram o coração, o que de certa forma ajudou. Toda palavra de conforto acalma a alma.

Logo, despediram-se e partiram.

Na carroça, Angus acomodou-se ao lado da amiga e a reconfortou. Mas uma dor, mesclada de profunda tristeza, brotava em forma de lágrimas que tornaram a cair.

O rapaz decidiu partir dali. Tomaram novo rumo em direção à capital. Ele sentiu que precisavam se afastar e seguiria sua intuição.

Mirella, ao perceber que o amigo deu ordem aos cavalos e estava indo para fora do vilarejo, sentiu-se insegura. Desejava ficar por ali. Precisava ter notícias de seu filho. Queria encontrá-lo.

Em voz alta, ela começou a orar.

Sem que esperasse, Angus parou os cavalos. Virou-se para ela, tomou suas mãos e, com um tom de voz muito diferente do habitual, disse:

— Minha doce menina, não tenha medo. Vai encontrar seu filho novamente e no tempo certo. A vida pede aprendizados, acertos e equilíbrio para ambos. Antes desse encontro, deverá procurar ajudar aqueles que sofrem, que choram... Precisa levar luz aos que desejam conhecer Deus. O tempo que passou no convento foi para que se preparasse para essa jornada de trabalho no amor. Vocês dois, juntos, hão de se tornar irmãos em Cristo e, Dele, irão espalhar as bem-aventuranças, ensinar bondade e amor. Quando o plantio estiver completo, colherão as bênçãos de encontrar seu filho, cumprindo o direcionamento traçado por vocês mesmos, antes de nascer na Terra.

Não temam. Não esmoreçam nas dúvidas nem nas ofensas. As dificuldades virão, mas é certo que a companhia Divina estará com vocês e assim não haverá motivos para sofrimento, se vocês crerem. Abram seus corações para o exercício do amor.

Por um instante Mirella ficou assustada, mas seu coração pedia para que confiasse naquelas palavras que, no primeiro momento, pareceram confusas. Com o tempo, compreenderia que se tratavam de mensagens espirituais vindas através de Angus. Mensagens essas que guiariam seus caminhos.

Em sua alma, havia entendido que teriam uma missão a cumprir. Qual? Só o tempo saberia dizer.

Confiaria. Se trabalhar para socorrer os filhos do mundo, traria seu filho aos seus braços, então confiaria.

E foi assim que Angus e Mirella, irmãos de alma, seguiram juntos tornando-se verdadeiros missionários.

Por onde passavam, ajudavam vilarejos atacados pela guerra, saqueados por miseráveis e abandonados pelo governo enfraquecido. Pessoas pobres, feridas, sem cuidado e sem orientação... Todos encontravam algum tipo de auxílio junto a eles.

Em cada parada, socorriam os feridos, ajudavam famílias a se recomporem e se restabelecerem novamente na fé.

A fé é o alicerce. Sem ela, ninguém se recompõe. Niguém.

Eram amparados em suas necessidades básicas também. Sempre havia os que lhes ajudavam com guarida, alimentos e medicações para que continuassem servindo. Cuidavam de seus animais e até houve quem lhe trocou os cavalos ao longo da jornada.

Eram apresentados como irmãos. Somente isso bastava. Ninguém lhes fazia perguntas.

Angus, aperfeiçoando sua ligação com espíritos cuidadores, educava sua mediunidade, aplicando-a com bondade e atenção, sem que ninguém percebesse. Dessa forma, era guiado a preparar medicações com plantas que ajudavam na recuperação e na saúde dos necessitados. Tornou-se um verdadeiro boticário.

Por sua vez, Mirella trazia a cura e o consolo às almas despedaçadas, às famílias desfeitas pelas condições tristes que toda guerra traz. Levava seus conhecimentos evangelizadores, esclarecendo e envolvendo todos com amor.

Perto dela, as pessoas tinham esperança.

Embora se dedicasse aos filhos do mundo, a jovem nunca esqueceu o seu próprio filho.

Passaram-se anos.

Em certa ocasião, quando viajavam rumo à Capital do país, passaram perto de um dos diversos Mosteiros que se espalharam pela Europa, na Idade Média. O monastério era cercado de gigantescos pinheiros que exalavam aroma agradável. A estrada, ladeada de flores que pareciam murchas devido à forte chuva, conduziu-os até os altos e largos portões onde, depois de muito esperarem sob o aguaceiro que caia do céu, foram atendidos.

Pediram abrigo.

Demorou até que o frei, ainda não ordenado padre, retornasse com a permissão do chefe monástico para que pudessem entrar. Ignoraram que tal demora se era pelo envolvimento espiritual para que os aceitassem no lugar. Afinal, não abrigavam ninguém, principalmente mulheres em mosteiros. Mas, como não acolher duas pessoas envoltas em áurea sublime, que se identificaram como irmãos e traziam, no semblante, a bondade expressa e que enfrentavam as intempéries hostis daquele momento? Além disso, a educação e a humildade faziam-nos pessoas agradáveis.

Entraram e se encaminharam para uma edícula próxima do pátio principal, que lhes serviria de abrigo naquela noite. Poderiam se aquecer e descansar.

Mas, para a surpresa de Angus, ele e Mirella, sua irmã em Jesus, foram convidados para o jantar junto aos eclesiásticos que se recolhiam naquele mosteiro.

Após se recomporem, foram para dentro do convento e assentaram-se nos lugares indicados junto aos anfitriões.

Oraram respeitosamente antes que lhes fossem servida uma sopa quente, queijo, pão e água. O calor do alimento ajudou a combater o frio.

O silêncio era absoluto até o chefe monástico lhes fazer algumas perguntas. Quem eram e o que faziam.

As respostas de Angus, praticamente prontas, deixaram todos tranquilos.

Não repararam, mas um dos padres, acomodado no outro lado de uma das mesas compridas à frente, não tirava os olhos deles.

Uma ansiedade corroeu o coração de Mirella que quase não tocou na refeição. Ela o reconheceu.

Sim. Era Brendo.

Fim do jantar, o padre aproximou-se dos supostos irmãos e se apresentou cordialmente.

Ela ficou paralisada. Nunca pensou que, ali, fosse reencontrar o padre com quem se envolveu, pai de seu filho.

Um choque correu-lhe na alma e um torpor dominou a ambos. Teriam muito para falar. Mas não podiam se manifestar. Não ali.

Pensamentos invadiram suas mentes com incrível rapidez. Não sabiam o que dizer.

Angus, percebendo algo diferente, começou a conversar. Precisava manter aquela aproximação. Perguntou se o padre Brendo já havia sido ordenado para alguma igreja de sua região, pois lhe pareceu familiar.

Diante da confirmação, outra conversa surgiu, o que não chamou a atenção dos demais.

Não demorou, saíram daquele recinto e se encaminharam para fora. Deveriam recolher-se.

Brendo fez questão de acompanhá-los, tinha em mente ficar a sós com Mirella. Desejava saber tudo o que lhe aconteceu antes de estar ali.

A chuva já havia cessado. Percorriam o gramado molhado até a edícula.

Quando estavam longe o suficiente dos demais, pararam perto de um jardim.

Angus caminhou alguns passos, deixando-os para trás.

O bruxulear das tochas presas às colunas do prédio principal do monastério, não era suficiente para iluminá-los. Suas silhuetas não passavam de vultos no breu da noite entre as sombras das árvores mais baixas do jardim.

Uma angústia com misto de ansiedade impactavam seus sentimentos.

Quando se sentiu à vontade, Brendo tomou a palavra.

— Mirella... Em todos esses anos, nunca a esqueci. Perdoe-me por não ter ido até você. Fui fraco e covarde diante da imposição dos meus pais. Usei e abusei da riqueza da família, na juventude. Mas, quando a guerra chegou e levou meu irmão, o desespero tomou conta dos meus pais que não permitiriam, sob hipótese alguma, que meu caminho fosse o mesmo. Meus pais pagaram grande fortuna para que a igreja me aceitasse a fim de o exército não poder me aliciar. Foi difícil eu me acostumar. Mas, quando pensava que aceitei o sacerdócio para fugir de servir a uma guerra... Eu me conformava. — Mirella permaneceu em silêncio. Já tinha ouvido aquelas palavras no que acreditou ser um sonho. Mas não se manifestou e o deixou prosseguir sem interrupção. Brendo continuou: — Aos poucos, com o amadurecimento, comecei a gostar de servir a Deus, levando conhecimento do Cristo, socorrendo necessitados, ajudando os aflitos... Confesso que seria um padre melhor se não a tivesse conhecido. Pequei... Não consegui cumprir meus votos. Preciso do seu perdão por tudo... — Longo período de silêncio e ele prosseguiu: — Foi há pouco tempo que descobri a verdade sobre nosso filho.

— Nosso filho? Você soube que tivemos um filho? — ela não suportou e precisou perguntar.

— Sim. Eu soube e... Não sabia que estava grávida quando a deixei e... Há quatro meses, um portador veio até mim em nome do convento. A mensagem era para que eu seguisse para lá, o quanto antes, pois a Madre Conceição, em seu leito de morte, mandou me chamar. Ela não aceitava que a Unção dos Enfermos lhe fosse dada pelo pároco local. Exigia que fosse eu. No mesmo instante, peguei um cavalo e poucas provisões e segui, chegando lá ao cair da tarde. Quando fui vê-la, percebi seu estado muito agravado em meio à febre alta. Muni-me de meus votos para preparar-lhe a extrema-unção e orei. Sentei-me frente a ela. Bem atento, comecei a ouvi-la. Madre Conceição balbuciava coisas e até achei que delirava. O que dizia não fazia sentido. Mas, em certo momento, ela ganhou forças e contou, em tom nítido e audível, tudo o que aconteceu. Fiquei incrédulo, mas depois, tudo fazia sentido. Relatou sobre sua gravidez e de ter exigido da parteira que levasse nosso filho para a adoção, no orfanato. Soube, depois, que a mulher não tinha feito o que ela havia mandado. Porém, como essa mulher desapareceu, ficou tranquila. Contou-me que você abandonou o convento assim que se recuperou e nunca mais voltou.

O que havia feito pesava-lhe na alma e precisava de perdão, de absolvição de seus pecados para entrar na morada do Pai.

Mas não só... Conceição pedia-me que tirasse a parteira dali. Afirmava que a alma da mulher lhe assombrava. Exigia--lhe que devolvesse o filho à noviça. De certo, a Madre delirava com visões assombrosas. Em momentos mais lúcidos, contou-me também que, quando soube de sua gravidez, ela mesma procurou os meus pais e relatou sobre a gravidez de uma de suas noviças e que eu era o pai.

Foram os meus pais que deram à Madre Conceição considerável quantidade em dinheiro para que cuidasse da noviça e sumisse com a criança e ela aceitou.

Foi dessa forma que Conceição lhe enclausurou e pagou a mulher para fazer seu parto e levar nosso filho.

Fiquei inconformado. Não imaginava quanto amor, dentro de mim, ainda nutria por você.

O desespero tomou conta de mim e... Eu disse a Madre Conceição que seus pensamentos seriam seus algozes. Que ela não merecia o perdão. Que sua ambição e maldade não tinham limites e o Reino de Deus não poderia recebê-la.

Jurei-lhe que, quando encontrasse você, largaria tudo para ficar contigo e com nosso filho.

Saí da cela da Madre Conceição e a deixei aos prantos. Fui impiedoso. Pude ouvir seus gritos falando com a parteira, que Conceição afirmava estar ao seu lado. Também pude ouvir que falava o nome dos meus pais. Culpava-os pelo dinheiro oferecido para que eu não soubesse de nada.

Não sei ao certo se ela via o espírito dos meus pais, já falecidos. Não sei se delirava insana... Não sei. Enfermidades deixam pessoas entre dois mundos.

Não retornei para ver. Não aliviei sua alma e a deixei morrer com toda sua culpa.

Hoje isso me pesa na consciência... — Fez longo silêncio, novamente, e contou: — Saí dali e fui em busca de informações sobre a parteira.

Não demorou e encontrei notícias de que, há anos, uma jovem com a sua descrição, acompanhada de um rapaz, passaram por ali solicitando as mesmas informações: a de uma parteira que havia feito um parto de uma noviça no convento.

Fui a muitos lugares, mas não tive nenhuma informação.
— Olhando-a nos olhos, disse: — Preciso que me perdoe. Perdoe minha fraqueza por não ter voltado e querido saber o que aconteceu com você. Se o tivesse feito, saberia que esperava nosso filho e... Fui fraco e covarde, mas... Preciso de seu perdão, Mirella.

Mirella não era mais a menina ingênua que Brendo havia conhecido. De alguma forma, não confiava mais em suas palavras. Talvez, o egoísmo dele, no passado, razão de todo o seu sofrimento, não a deixava ter mais segurança.

Com voz terna, ela disse:
— Você poderia ter voltado. Se me amasse mesmo, como afirmava, teria voltado ou nem mesmo ido embora. Nossas vidas seriam diferentes. Eu teria meu filho comigo hoje. Tudo seria bem diferente.

— Como pode falar de mim se também não é verdadeira? Sei que não tem mais irmão. Que ele morreu na guerra. Quem é esse que a acompanha? É seu companheiro?

— Não. Angus é meu irmão. Um irmão enviado por Deus para me ajudar. É um homem respeitoso, missionário. Não é preciso ser padre para fazer-se instrumento de Deus e ajudar os semelhantes. Se alguns padres não cumprem seus votos, existem quem não precise fazer votos para fazer o bem. Angus é um homem especial. Bondoso. Conhece a alma que habita cada ser. Nós aceitamos tarefas rejeitadas por muitos daqueles que se dizem servos de Deus. Percorremos cidades e vilarejos ajudando pessoas. Os conhecimentos que ele possui com plantas, ervas naturais da região, unguentos, pomadas, chás manipulados por ele servem de remédio para os necessitados do caminho. Com ele, também aprendi a servir, muito mais do que quando no convento. Aliás, de que vale a vida no convento? Servir a Deus é servir ao próximo. Clausuras não ajudam a ninguém. Reclamações e lamentos também não. Hoje, tenho o propósito de servir e ajudar. Seguirei ao lado de meu irmão, Angus, socorrendo necessitados do caminho.

— E sobre nós, Mirella?

— Nós? — olhou-o nos olhos. Pôde perceber que ainda o amava, mas também sentiu que Brendo ainda era o mesmo: sem forças ou propostas firmes. Egoísta e sem considerações aos alheios — Como você pôde ficar tanto tempo longe de mim? Por que não voltou para me buscar? Se seus sentimentos fossem mais fortes do que o seu egoísmo, tudo seria diferente.

— Não fui egoísta! — ele ressaltou.

— Será? Pensou só em você, Brendo. Somente o nome da sua família e o desejo dos seus pais importaram. Você não era mais um menino quando tudo aconteceu. Era um homem feito quando nos conhecemos. Deveria ter certeza daquilo que fazia e queria. Não posso culpá-lo. Cada um é o que pode ser. Mas também não posso confiar. A lição mais difícil da minha vida foi a de ter confiado em alguém que não pôde corresponder e, por isso fiquei sem meu filho. Você era a única pessoa que poderia ter me ajudado. Você nem mesmo se importou com o que eu poderia sentir com a sua distância. Seu egoísmo foi maior do que seu amor.

Em todos esses anos, muitos pensamentos correram em minha mente — ela admitiu. — Somente você poderia ter mudado nosso destino e minha dor. Precisei enfrentar tudo sozinha, sem seu apoio. É muito difícil ter medo, insegurança e dor. Como é difícil... Deveria saber que tive medo, que fiquei insegura, que senti minha alma doer com nossa separação, pois confiei em você, mas não se preocupou com isso, mesmo sabendo que eu era uma menina inexperiente e carente também. Como não pôde ver isso, Brendo?

Não houve resposta e Mirella continuou:

— Não choro há muito tempo. Desde que entendi que não posso mudar quem você é e o que me aconteceu. Troquei as lágrimas por preces e trabalho útil. Oro por você, por Conceição...

Lamento saber que ela está morta. Não vou julgá-la, principalmente, agora. Não posso fazer isso. Oro também por meu filho. Penso e desejo encontrá-lo e rogo a Deus que me conceda essa bênção. Se deixei de seguir minha vocação no convento, foi por ter de sair pelo mundo em busca do meu filho. Em meu coração, de outra forma, continuo seguindo a Deus.

Longa pausa e ela ainda disse:

— Quanto a nós... Apesar do que senti e do que sinto por você, não tenho pretensões de seguir ao seu lado. Vou prosseguir em minha jornada ajudando ao meu irmão Angus, servindo os necessitados e desprovidos que a guerra deixou no caminho enquanto Deus não coloca meu filho em minha jornada.

— Por que não quer ficar comigo? Serei capaz de deixar tudo por você e por nosso filho.

— Será capaz mesmo, Brendo? — Breve silêncio. — Se fosse capaz de deixar o sacerdócio, por minha causa, já o teria feito. Seu egoísmo ainda impera em seu coração. Não foi capaz, nem mesmo, de perdoar uma moribunda em seu leito de morte e lhe conceder a paz na consciência. Como não foi capaz de, no passado, impor-se aos seus pais para largar tudo pelo amor que dizia sentir por mim. Não sei se, agora, posso confiar que o faça plenamente. Não sei se, na primeira dificuldade, será capaz de me apoiar ou de seguir ao meu lado. Acostumou-se ao luxo servido por seus pais e às comodidades e proteção do sacerdócio. Não está preparado para a vida difícil de enfrentar intempéries da jornada, muito menos a servir aos necessitados. Tudo o que fez até hoje, não chega perto do auxílio verdadeiro aos pobres. — Sem demora, informou: — Amanhã, bem cedo, eu e Angus vamos seguir nossa trajetória trabalhando para Cristo. Não tenho, em meus planos, ficar ou ter você comigo.

Encarando-a firme, Brendo não sabia o que dizer. Ficou quase incrédulo. Pensou que, se um dia encontrasse Mirella novamente, poderia tê-la em seus braços. Mas não. Encontrou aquela que foi o amor de sua vida, mas uma mulher diferente. Consciente e madura.

Despediram-se.

Mirella alcançou Angus que a aguardava próximo à edícula. Havia planos de levantarem cedo e seguirem viagem.

Brendo dirigiu-se à capela externa do mosteiro.

Seus sentimentos estavam confusos. Um turbilhão de ideias assolavam sua mente. Não esperava aquilo.

Após caminhar alguns passos, ficou frente ao altar e, em decúbito ventral, deitou-se ao chão abrindo os braços e ficando em forma de cruz.

Chorou copiosamente com o rosto colado ao chão frio e conversou com Deus.

Suplicou a Deus entendimento e rogou força e coragem para saber o que fazer. Desejava provar seu amor à Mirella, mas, para isso, deveria abandonar o sacerdócio. Era um conflito imenso. Sabia que havia errado como homem e como padre. Agora, não sabia o que fazer. Não tinha com quem se aconselhar. Somente Deus para guiar seu coração.

Ali ficou por longo tempo.

Bem depois, recolheu-se desejando que, durante o sono, alguma inspiração pudesse lhe chegar.

Bem cansados, Mirella e Angus uniram-se em prece, como de costume, antes de dormir.

Aqueles anos todos ao lado do irmão de jornada, já havia se acostumado às mensagens que sempre ouvia. Não sabia que se tratava de psicofonia, ou seja, Angus, através da mediunidade, trazia mensagens espirituais que guiavam a ambos.

E, naquela noite, não foi diferente.

Tomando postura austera, com uma voz e trejeitos diferentes do costumeiro, Angus disse:

— Filha, que o Mestre Jesus esteja sempre a amparando. Foi chegado o momento. O pai do seu filho foi chamado para o despertar da consciência e, verdadeiramente, servir ao Senhor. Suas palavras ecoarão na mente de Brendo durante toda essa noite. Você mostrou a ele o quanto deixou de fazer pelos filhos do mundo. Acreditou que, servindo à Igreja, seria o suficiente, mas não. Se quiser entrar realmente no reino de Deus, Brendo precisará fazer muito mais para corrigir suas falhas. Todos deveriam saber que não basta somente pedir perdão. É preciso, antes, reparar os erros cometidos. Tudo o que nos acontece é pelos débitos do passado. Deus não é injusto. Jesus já nos disse isso. Deus é bom, mas acima de tudo, é justo. Por essa razão, precisamos aprender que não somos inocentes. O que vivemos é por conta do que fizemos ou deixamos de fazer no passado. Por falta de atitude, coragem, bondade, amor... Brendo vai precisar seguir servindo aos irmãos do caminho como uma forma de reparar os enganos dessa e de outra vida. Alimentar aos famintos, auxiliar doentes é uma forma de se ajustar.

CAPÍTULO 10
Tudo tem uma razão

Por muito tempo, vivi ao lado daquela mulher, a senhora que era parteira, acreditando que era seu neto, pois ela vivia dizendo que eu era filho de sua filha.

Eu sentia algo diferente. Não éramos tão parecidos, uma vez que ela descendia dos povos Mouros e era uma das poucas pessoas dessa etnia que chegou até ali, ao norte da Europa. Dessa descendência, ela herdou seus conhecimentos com ervas e tratamentos de todos os tipos, mas, infelizmente, desviou-se para a prática do aborto.

Em meu íntimo, mesmo garoto, sentia que eu deveria ter alguém que me amava e procurava por mim. Experimentava uma carência, uma ausência que não sabia explicar.

Em muitos sonhos, muitos mesmos, eu via uma mulher linda, com rosto angelical que se aproximava de mim e me chamava de filho. Dizia que me amava, que estava a minha procura e que eu era parecido com meu pai. E eu gostava muito disso.

Perguntava por que estávamos longe e essa mulher dizia que era para eu corrigir meu passado e ganhar forças com as dificuldades dessa vida.

De verdade, eu não entendia, mas aceitava e desejava muito, um dia, poder encontrá-la.

De outras vezes, sonhei com um homem que acreditava ser meu pai, pois, de fato, eu era parecido com ele. Conversávamos e sempre o via triste e arrependido por algo que havia feito. Era estranho ver esse homem que se dizia meu pai, porque ele se apresentava com vestimentas sacerdotais. Isso não fazia o menor sentido.

À medida que fui crescendo, esses sonhos foram se distanciando.

Após a morte da parteira, aquela mulher me levou com ela.

Seu nome era Kira. Eu não sabia que era uma pessoa que vivia do comércio sexual. Descobri isso bem depois que cheguei a esse lugar. Era um prostíbulo afastado da cidade.

Ela não sabia o que fazer comigo. Não tinha outro lugar para me levar. Era a filha desgarrada de uma família tradicional que não a aceitou após ter sido vista com o marido de sua irmã.

Curioso esse conceito. O marido da irmã continuou sendo o honrado homem de família. Ela foi rejeitada e posta para fora de casa. Cruel a visão da sociedade e da família que sempre se volta contra a mulher. Pena isso acontecer, ainda, nos dias de hoje. Se houve erro, foi dos dois.

Bem... Sem saber o que fazer comigo e agradecida por eu tê-la ajudado, Kira levou-me para onde morava, mesmo a contragosto. Ela não me tratava como filho, mas me tratava bem.

Fiquei alojado nos fundos da casa usada para o comércio sexual. Demorou um tempo para eu entender o que acontecia ali. Algo me desagradava. Não gostava do que via. Era comum ver mulheres chorando, bebendo para esquecer suas práticas e até se drogando.

Havia um boticário local que lhes fornecia medicações entorpecentes em troca de sexo.

Bebidas alcoólicas não faltavam.

O arrependimento, a contrariedade, o desgosto consigo mesmas corroíam a consciência daquelas mulheres. Arrependiam-se do que faziam, mas não conseguiam sair daquela vida, por falta de determinação ou de condições. Medo da solidão, medo dos pensamentos decadentes que as assolavam.

Era comum o suicídio pelas prostitutas do lugar. Aliás, é comum o suicídio entre mulheres que vivem do comércio sexual.

Escravizavam-se e se colocavam à mercê de homens indignos, sujos, doentes, grosseiros, estúpidos... Não só isso. Existem energias muito inferiores que impregnam quem se envolve com isso, além de espíritos incrivelmente baixos que se ligam a essas pessoas e as induzem a práticas cada vez mais decadentes, depois, inspiram-nas para tirarem a própria vida. Drogas e álcool entram no esquema e castigam mais ainda. E a alma dói... Uma dor quase insana.

Isso aprendi aqui, na espiritualidade, e pude entender como tudo acontece.

É uma vida cruel, mas possível se regenerar. Basta ter força, coragem e fé.

Porém, naquela época, tudo era muito difícil de entender. Não se falava em espiritualidade como se fala hoje. A visão religiosa só mostrava o céu ou o inferno. Hoje em dia, muitas filosofias nos esclarecem com a ideia da espiritualidade, de energias, da interferência dos espíritos em nossas vidas. Fala-nos dos ajustes de que precisamos fazer para melhorarmos, evoluirmos e deixarmos de sofrer. Mas, naqueles tempos, não se ouvia falar nisso. Até porque, a Inquisição mandava adeptos dessas ideias para a fogueira ou para torturas indescritíveis.

Eram tempos difíceis.

Fui crescendo. E, mesmo não gostando do que acontecia ali, era o único lugar que me abrigava. Eu trabalhava com os afazeres que tinham: limpeza, compras na cidade, pois aquelas mulheres não poderiam sair dali. Primeiro, porque a proprietária não deixava que algumas se ausentassem por medo que fossem embora. Segundo, que não eram aceitas na cidade. Prostituição era considerado crime diante da Igreja e também por leis, em alguns povoados.

O comércio sexual não parava ali. Quer dizer, não eram só mulheres que chegavam por conta própria ou atraídas para aquela vida.

De vez em quando, meninas roubadas de suas famílias eram levadas para lá. Algo muito cruel. Elas eram vendidas por um preço muito caro por serem virgens.

Um anúncio feito entre os frequentadores marcava um dia para o leilão. Quem pagasse mais, teria o direito de ter a garota, com ou sem sua permissão. Muitas dessas meninas nem sabiam o que estava acontecendo. Alguns suicídios ocorriam depois. Mas, a dona do estabelecimento não se incomodava. Para ela, o importante era o dinheiro.

Aconteceu de trazerem uma menina bem novinha. Deveria ter doze ou treze anos.

Não sei explicar, mas me apaixonei por ela assim que a vi. Sabia que ela estaria reservada para um leilão e fiquei contrariado.

Procurei por Kira e pedi que desse um jeito, que não a deixasse passar por aquilo.

Kira não podia fazer nada e tentou me acalmar. Disse que era normal e que Lana, a garota pela qual me apaixonei, logo não sentiria mais nada e se acostumaria com aquilo. Seria um simples trabalho.

Mas ela mentia. Eu podia ver isso nos seus olhos. Lembrei-me das muitas vezes que vi Kira chorando ou embriagada e dizendo o quanto se odiava por tudo o que fazia.

Eu não gostaria que Lana passasse pelo mesmo.

O dia anunciado para o leilão de Lana chegou. Eu estava revoltado. Procurei pela proprietária do lugar e implorei para que a garota fosse poupada, mas ela jamais perderia dinheiro. Havia pago aos raptores da menina e precisava ter lucro na negociação. Sem êxito, tentei esconder a garota, mas ela foi encontrada e eu apanhei muito por isso.

Naquela noite, muito machucado pela surra e em um dos quartos, pude ouvir o alvoroço durante o leilão.

Depois daquele dia nunca mais fui o mesmo. Nunca mais chorei, mas também deixei de sorrir.

Deixei de ser um adolescente. Algo morreu em mim.

Lana também nunca mais foi a mesma. Ela quase não conversava mais. Mal me olhava. Trocava um suave sorriso somente comigo. Parecia ter vergonha.

Decidi que não ficaria mais naquele lugar. Queria ir embora e levar Lana comigo. Decidi protegê-la. Precisávamos sair dali.

Desabafava com Kira o que podia e contava-lhe meus planos.

Ver Lana ser chamada para o comércio corroía minha alma. Se ela não obedecesse, apanhava. A proprietária não perdoava a ninguém.

Com pena de nós dois, Kira ajudava em nossos encontros. Lana dizia se sentir bem somente ao meu lado.

Comecei a aceitar serviços extras e passei a juntar um pouco de dinheiro. Tinha intenções de fugir dali, levando aquela que amava.

Deveria ser um valor considerável, pois precisaríamos ir para outra cidade a fim de a proprietária não nos encontrar. Ela não nos deixaria em paz.

Mas, enquanto não possuíamos o suficiente, precisávamos de paciência e esperar. Em meio a isso, Lana adoeceu. Cada dia que passava, seu estado piorava. Certamente, contraiu a doença de um dos homens que frequentava o lugar.

Seu estado se agravou e Lana foi isolada das outras, ficando sem trabalhar, o que, de certa forma, deixou-me mais aliviado.

Quando ela piorou, chamaram um médico, coisa que não faziam se o estado de saúde não tivesse muito grave. Não gastavam a toa.

O médico não pôde fazer muito, e o estado dela piorava a cada dia. Até que morreu em meus braços.

De um adolescente esperançoso, tornei-me um homem amargo.

Saí dali. Comecei a beber. Morei nas ruas. Recusava os trabalhos braçais, aos quais antes me propunha para ter dinheiro. Dormia embaixo de pontes quando não encontrava com quem duelar pelo espaço.

Para conseguir um pouco de dinheiro para pagar uma mísera refeição e a bebida, ajudava a descarregar carroças.

Não tomava mais banhos. Fedia.

Com o tempo, sem cuidados básicos, fui ficando doente.

Fiquei revoltado com Deus, ou melhor, com a mínima noção de Deus que eu tinha. Achei injusto o que tinha acontecido ao amor da minha vida.

Deus foi cruel. Eu, tão jovem, não merecia tudo aquilo.

Não tive mãe, pai ou alguém da família. De alguma forma, sentia ou sabia que aquela mulher a quem chamei de avó não era minha parente. Ela era muito diferente de mim. Depois de sua morte, o que me restou foi ser levado para morar em um prostíbulo. Kira era a única que me tratava bem.

Revoltado, eu não entendia que tudo era questão da Lei do Retorno. Não existia essa noção.

Não somos inocentes. Tudo o que nos acontece é por alguma razão.

Caminhava em um dia chuvoso e frio, típico da região naquela época do ano.

Tossia muito. A doença, mal do peito, dominava-me — hoje conhecida como tuberculose. — Estava muito mal mesmo. Lembrei-me de que, quando criança, aquela a quem eu chamava de vó me ensinou a rezar. É difícil entender e aceitar como uma mulher que praticava o que ela fazia poderia orar e acreditar em um Pai Maior. Eu ainda estava brigado com Deus. Mas o mal-estar que sentia era horrível.

A dor nos chama para a conciliação com Deus. E comecei a conversar com Ele.

Pedi um alívio para o que sentia. Sabia que havia me enganado ou errado em algum lugar, mas onde? Como? O que fiz de errado para merecer aquilo? Pedi socorro.

Cambaleava pelo efeito do álcool, que ainda restava em mim, quando vi uma carroça com uma fila de miseráveis à espera de serem servidos.

Estavam embaixo de uma ponte. Na frente do transporte, uma mesa improvisada com barris e um caldeirão de sopa sendo distribuída em cuias aos pobres do lugar.

O cheiro era bom e senti fome. Via alguns dos necessitados rasgando um pedaço de pão e levando à boca. O cheiro exalava e me atraia.

Pude ver dois homens e uma mulher apressando-se para servir a todos.

Primeiro, eles recolhiam alimentos com aqueles que podiam doar. Depois, preparavam da melhor forma. Escolhiam um lugar em alguma praça ou ponte para receber os necessitados e os serviam daquela maneira.

Estava longe de imaginar que a vida colocaria vocês em meu caminho.

Depois daquela noite, em que conversou com Mirella no Mosteiro, padre Brendo decidiu abandonar o sacerdócio.

Levantou-se bem cedo e, estranhamente, sem sua batina, esperou que os irmãos se arrumassem e partiu com eles.

Todos seus colegas estranharam, mas ninguém ousou dizer nada.

Angus deixou claro que a vida que levavam era de missionários. Não abraçavam qualquer religião, embora levassem aos necessitados o Evangelho do Cristo. Faziam aquilo por amor e para corrigir o passado faltoso que a ignorância abençoada dessa vida não os deixava conhecer. Angus sabia disso.

Brendo aceitou.

Por amor à Mirella, seguiu com eles e aprendeu, verdadeiramente, amar ao próximo como a si mesmo.

E foi assim que chegaram àquele povoado.

Recolhidos e preparados os alimentos, acamparam embaixo daquela ponte servindo aos pobres da região.

Chamou-me a atenção ver as mãos alvas daquela mulher que servia as cuias com o alimento.

Eram as mãos mais lindas que eu já tinha visto. Encantei-me por elas.

Entrei na fila, mas a tosse me castigava. Alguns se afastaram de mim, pois suspeitavam que eu pudesse carregar a doença que vinha matando a muitos na região.

Ao chegar a minha vez, olhei aquela mulher nos olhos. Era a mulher que aparecia em meus sonhos. Aqueles sonhos de menino, que já haviam caído no esquecimento, estavam reavivados.

Sentia vontade de chorar quanto mais me aproximava. Na minha vez, abaixei a cabeça, algumas vezes, por vergonha de chorar.

Mirella, segurando a cuia com sopa ergueu-se e me encarou. Nesse momento, sua surpresa a fez tremer e derramar a sopa.

Algo tocou seu coração. Sabia quem eu era.

Mirella correu, deu a volta e gritou com todo amor que saia do seu coração:

— Meu filho!

Angus, que conversava com todos e tentava auxiliar os doentes e os com frio, largou o que fazia.

Meu pai, que também ajudava aquecendo o alimento e repartindo o pão, parou e foi até nós.

Mesmo com o passar de todos aqueles anos, Mirella reconheceu seu filho. A cópia perfeita de seu pai.

Eu sentia... sabia de alguma forma que era minha mãe.

Ficamos abraçados por longo tempo. O mundo parou para mim. Não acreditava que estava em seus braços.

Brendo nos olhou como se me examinasse. Teve a certeza de eu ser seu filho por tamanha semelhança. Ninguém poderia negar.

Meu pai nos abraçou também. Chorou junto.

Mirella teve suas lágrimas formadas na fonte da gratidão a Deus por ter me encontrado.

Brendo verteu lágrimas de arrependimento e dor por me ver daquela forma.

Com a ajuda de Angus, fui colocado na parte de trás da carroça e acomodado nos braços de minha mãe. Fiquei ali sem forças.

Ajoelhada ao meu lado, Mirella afagava-me enquanto cuidava de mim.

Brendo e Angus voltaram às tarefas. Após terminarem, retomaram viagem e pediram abrigo em uma fazenda.

Já eram conhecidos na região e não demoraram para encontrar pousada em um celeiro. Lugar que faziam questão de ficar. Não aceitavam dependências melhores.

Passaram a cuidar de mim. Angus com todo o conhecimento, Mirella com todo o amor e Brendo com toda a dedicação.

Éramos uma família reunida.

Por quatorze dias fui cuidado e amado. Foram os melhores dias vividos nessa encarnação.

Comecei a fazer as pazes com Deus, pois Mirella, minha amada mãe, ensinou-me, verdadeiramente, a orar e entender o poder da oração.

Ensinou-me a agradecer por tudo o que temos. Se a experiência foi boa e somos felizes, precisamos agradecer o merecimento. Se a experiência não foi tão boa assim, precisamos agradecer o aprendizado. E eu tinha muito o que agradecer.

Brendo, meu querido pai naquela encarnação, também me ensinou a amar, perdoar, mesmo ficando comigo tão pouco. Falou-me sobre a importância do perdão, pois se sentiu bem ao ser perdoado por Mirella, que o deixou seguir com eles, garantindo aquela oportunidade.

Ao final de quatorze dias, por misericórdia Divina, fechei os olhos para aquela vida. Meu corpo, maltratado por mim, já não suportava mais a experiência terrena.

Parti feliz, conhecendo o amor verdadeiro nos braços dos meus pais, que tanto desejei conhecer naquela encarnação.

Relembrar isso tudo foi interessante. Foi como viver novamente a experiência. Alguns momentos ri e, em outros, percebi meus erros.

Vítima? Nem tanto. Tudo tinha uma razão para acontecer.

Se meu afastamento dos braços maternos foi um ato errado, por quem o fez, errado também foi eu ter permitido isso em outra vida, em um passado mais distante.

Não fui vítima. Deus não é injusto.

Se minha paixão por uma moça que seria iniciada a uma vida de prostituição trouxe-me muita dor, foi por ter sido omisso, covarde ou indiferente ao rapto de meninas para esses fins em outra vida mais distante ainda.

Em vez de lutar, de tirar forças da própria alma, assim como Angus, que, sozinho, enfrentou o mundo e passou a servir em nome de Cristo, eu me entreguei a bebida, acovardei-me nas ruas e vivi como miserável até ser acolhido por Mirella, que trabalhava servindo sopa para encontrar o filho.

Faltaram-me forças para crescer. Nada é por acaso. Mas a vida continua. A alma é eterna e as reencarnações servem para aprendermos e nos aperfeiçoarmos.

Depois de recomposto na espiritualidade, conseguimos ver as coisas erradas que fizemos e as certas que deixamos de fazer.

Resumindo: ficamos chateados com nós mesmos. Poderia ter facilitado as coisas para mim.

Alguns anos depois, em melhor condição, recebi Mirella, minha mãe, na espiritualidade.

Assim que ela despertou de seu sono leve, daqueles de consciência tranquila, eu fui o primeiro a abraçá-la.

Chorei e sorri. Ninguém imagina como é a alegria que se transforma em lágrimas de felicidade quando recebemos alguém no plano espiritual e esse alguém cumpriu com honras sua tarefa terrena.

Não demorou muito, Brendo, o que foi meu pai, também retornou para a pátria espiritual. Ele estava bem, mas trazia o espírito denso pelo sentimento de culpa, pelos arrependimentos do que fez ou deixou de fazer.

Mas receber Angus!... Foi uma festa. Havia muitos esperando por ele. Aqueles que receberam seu auxílio, de alguma forma, e aqueles que assistiram a seus entes queridos, encarnados, recebendo a ajuda que Angus proporcionava.

Vocês não têm ideia de como é receber alguém que, encarnado, fez o bem. É uma festa de luz.

Acontece que todos precisamos reencarnar para acertar as pendências deixadas na alma.

Quando não cumprimos bem as nossas tarefas, quando não fazemos direito o que precisa ser feito, não temos sossego. Ninguém nos cobra. É nossa consciência, nossa alma que dói.

Desejamos, intensamente, voltar e resolver o que deixamos de fazer. Ficamos procurando os responsáveis pelos setores da reencarnação para solicitarmos uma nova oportunidade. Rogamos a Deus que nos ouça e nos conceda uma nova chance e com a bênção do esquecimento.

Se recordarmos o que fizemos no passado, enquanto encarnados, correremos o risco de ficarmos desequilibrados ou até loucos.

Não é fácil encararmos as burradas de outras vidas.

Por isso, cada um de nós solicita, ou até implora, voltar ao plano físico. Aqui temos a bênção do esquecimento e a possibilidade de consertarmos o passado. Mas não é fácil. É necessário um grande, um gigantesco planejamento.

Nesse planejamento, cada um chora suas pitangas. Brincadeira! Mas é quase isso.

Cada um averigua suas necessidades e solicita renascer em condições adequadas para conciliar e reajustar o passado cheio de débitos.

Eu reclamei que, por não ter tido pais que me amassem e uma família, por não ter tido dinheiro, estudo, condições adequadas para uma vida melhor, por não ter recebido orientação, fiz o que fiz na última encarnação. Bebi demais destruindo a saúde do melhor presente que havia recebido de Deus: um corpo perfeito. Que pena! Dessa forma, entreguei-me a uma vida nas ruas e, se não fosse acolhido, por misericórdia Divina, por minha mãe, Mirella, eu morreria embaixo de alguma ponte e só me descobririam muito tempo depois. Eu teria perdido a oportunidade de conhecer um abraço quente e amoroso, mesmo que fosse nos meus últimos dias de vida.

Merecimento meu? Lógico que não. O merecimento foi dela que nunca desistiu de mim. Deus fez realizar seu maior desejo: ter seu filho em seus braços.

Bem, não acabou por aí. Nunca acaba. A vida continua.

Eu reclamei que, por falta de condições como: orientação, estudo, escolarização, pais amorosos e, principalmente, dinheiro, não pude ser uma criatura melhor. E desejava, de verdade, uma vida mais próspera na minha próxima reencarnação.

Por outro lado, o padre Brendo, o que foi meu pai, também teve queixas semelhantes. Disse que não deu apoio à Mirella por não ter tido condições. Pela pressão da família, pelas regras da Igreja... Ele reclamou bastante.

Não bastasse, a Madre Conceição, que demorou algum tempo para se equilibrar na espiritualidade, também teve queixas parecidas.

Ela disse que não foi pessoa melhor por consequência da rigorosidade da Igreja. Alegou que a lavagem cerebral feita naquela época, sobre moralidade, era tão grande que ela, coitada, não tinha outra referência. Por isso, doou-me para o orfanato, assim como tinha feito com alguns outros filhos de freiras e irmãs que nasceram naquele convento.

Pois bem, planeja aqui e ali para uma nova reencarnação, e as coisas começam a se ajeitar.

Conceição aceitou nascer estéril. Não teria filhos pelo fato de ter separado tantas mães de seus filhos amados. Teria de cuidar dos filhos dos outros. Ela solicitou fortuna, pois acreditou que a falta de condições a fez servir à Igreja e ter uma mente muito atrofiada e egoísta.

Conceição nasceria em família rica. Ficaria frustrada porque seria abandonada por um noivo que haveria de conhecer. Não teria filhos. Seu casamento não deveria acontecer. Ficaria só, por ser a que separou Mirella de seu grande amor. Ela deveria se empenhar para cuidar dos filhos do mundo através da caridade, de atos beneficentes, amorosos e de muita dedicação. Reverteria sua fortuna para fins filantrópicos. Teria dinheiro e estudo para isso. Poderia trabalhar em hospitais, por exemplo.

Já o padre Brendo, também se queixou de não ter o domínio de sua fortuna, como eu já disse, pois seus pais o controlavam e também a guerra, que assolou a região onde vivia, deixou-o sem alternativa. Reclamou que se tivesse outra condição, como a de não servir a Igreja, de ele ter o domínio sobre seu dinheiro, seria uma pessoa diferente. Não seria tão imoral. Respeitaria as mulheres, cumpriria seus compromissos e não teria abandonado um filho, como o fez, mesmo sem saber. Afinal, mesmo o homem, deve ser responsável por tudo o que faz em um relacionamento.

Mas algo pesava muito na consciência do padre Brendo. Ele não havia perdoado à madre Conceição. Ao contrário. Deixou-a em desespero, em conflito e isso piorou muito o seu estado após o desencarne. Havia um laço de débito entre eles.

A falta de perdão é algo terrível. Por isso, Jesus disse para nos reconciliarmos primeiro com nosso irmão enquanto estamos no caminho com ele, depois ir e agradecer a Deus.[1]

Padre Brendo, por tanta dor na consciência e arrependimento por ter deixado Mirella, desejou encontrá-la e dar-lhe todo o apoio e amparo. Deveriam ter o filho que, no passado, perdeu-se dos dois: eu. Prometeu, jurou que me daria todo o apoio sobre qualquer circunstância. Eu confiei.

Mas ele deveria reparar-se com Conceição, a Madre que deixou em desespero por falta de perdão.

Então ficou planejado assim:

---

[1] Nota: Evangelho de Jesus, segundo Mateus: "Deixa ali diante do altar a tua oferta, e vai reconciliar-te primeiro com teu irmão, e depois vem e apresenta a tua oferta"

Padre Brendo seria um homem de posses. Dono do seu dinheiro. Um homem influente no meio em que nascesse, pois teria herança. Queria instrução e nada melhor do que nascer no país berço da educação daquela época: França.

Ele conheceria Conceição, por quem se enamoraria. Namorariam por longo tempo. No noivado, os planos seriam de conhecer nova filosofia que surgiria na França, mais especificamente, em Paris. Levando-a aos novos conhecimentos, trazidos por um homem já predestinado, Allan Kardec, Conceição deveria entender a razão de sua frustração, pelo fato de ele ter de deixá-la e se empenhar em uma vida de amor e caridade.

Mirella, minha mãe, haveria de surgir na vida de Brendo. Ao conhecê-la, ele deixaria Conceição que seguiria seu novo destino. Eu nasceria.

Simples, não é?

É. Aqui, no planejamento, tudo parece muito simples. Todos concordamos com tudo.

Mas minha mãe, Mirella, alertou para o seguinte:

— Não creio que Brendo esteja maduro, espiritualmente falando, para cumprir os compromissos assumidos.

— Ele vai cumprir sim! — eu afirmei. — Ele está disposto.

— Com a bênção do esquecimento, nem sempre fazemos o planejado. E se ele não cumprir?

— Ele vai cumprir. Será meu pai. Serei seu filho. Tudo vai dar certo. Eu só coloquei a perder essa última reencarnação porque nasci sem posses, sem dinheiro, sem família ou orientação.

— Cuidado, filho. Posses, dinheiro não é tudo.

— Seria para mim! — afirmei convicto. — Teria uma vida bem diferente. Saberia usar meus bens. Não iria encher a cara como fiz.

— Às vezes, tenho medo do que podemos fazer por dinheiro e com dinheiro. Temo que Brendo não esteja preparado, como já disse. Isso colocaria tudo a perder. Dinheiro e instrução não adiantam nada. Quem tem elevação sabe dizer não quando necessário e sim com responsabilidade — Mirella insistiu em alertar.

— Aconteça o que acontecer, se eu nascer seu filho, não me deixe perder a oportunidade de ter bens, educação e prosperidade. Serei capaz de lidar com o resto. Combinado?

Ela demorou muito para responder, mas por fim disse:

— Se você quer assim... Sabe que não vou me lembrar, exatamente, dessa conversa ou do planejamento e você também não. Tenho até medo do que posso fazer para o seu bem-estar. Mas se acha que pode lidar bem com muito dinheiro e que vai evoluir, moralmente, por conta dele, que seja feita a sua vontade, meu filho.

— Angus virá junto conosco. Ele será meu amigo e companheiro. Disse que aceita tudo, menos ter mediunidade — nesse momento eu ri e minha mãe também.

— Angus gosta muito de você.

— Ele é sábio e vai me aconselhar. Tenho muita esperança. Até porque, vou precisar que Angus me oriente com Lana. Ele vai ter de me dar muita força. Fui apaixonado por ela, sabe disso. É algo de longa data, de muitas encarnações atrás. Lana precisou passar pelo que viveu por ter errado no passado e não se importado com crianças usadas para o sexo. Na próxima existência, ela quer se voltar para trabalhos mais nobres. Sabe disso, vai ter de lhe orientar e educar. Será como uma filha. Ela deseja educar crianças e direcioná-las para um caminho de luz e amor, diferente do que já fez. Mas, para isso, deve encontrar um outro companheiro do passado que também necessita saldar seus débitos que adquiriu junto com ela. Eles devem formar um casal e eu... Lógico, terei ciúme. Sabe como fui ciumento, como sempre quis que Lana ficasse comigo. Mas não vai ser dessa vez. Vamos nos encontrar. Devemos ser amigos, nada mais. Uma alma muito querida haverá de me servir de parceira e companheira fiel nessa nova encarnação. Acredito que ela e Angus vão me dar forças para eu não ser possessivo com Lana.

— Tem certeza, meu filho?

— Sim. Tenho. É isso o que eu quero. Vou conseguir. Tenho planos também de levar a luz do conhecimento a muitas pessoas. Uma nova Doutrina vai surgir no plano físico, você sabe. Quero divulgá-la. Dessa forma, minha consciência pelo passado imprudente vai ficar bem tranquila. As pessoas precisam saber da Lei do Retorno. Necessitam entender que tudo o que fazemos, volta para nós. Eu quero fazer isso. Vou fazer. Podemos perceber, aqui neste plano, o quanto essa Doutrina será importante. Ela dará respostas a muitas questões que, encarnados, não conseguimos responder. Quantos porquês e para que ficam sem respostas. Somente uma doutrina reencarnacionista, livre de preconceitos, poderá libertar as mentes, as consciências mais preparadas para recebê-la, entendê-la, aceitá-la e divulgá-la.

— Aqui, na espiritualidade, as promessas são fáceis. Cumpri-las, nem sempre é fácil.

— Se você me der oportunidade de vida, vou cumprir. Vou sim.

E minha mãe me beijou. O beijo mais doce que já tinha recebido. Eu confiava nela. Ela iria me ajudar.

CAPÍTULO 11
Em outro tempo

E foi assim, depois de tanto planejamento, que em outra vida, tivemos a oportunidade de nos reencontrarmos. Você, mãe, chamava-se Louise; eu, Jean-Pierre.

Padre Brendo chamava-se Marsily Oliver e seria meu pai de novo.

Madre Conceição chamava-se Antoinette.

Angus chamava-se Nícolas.

Lana chamava-se Charlote.

Além deles, reencontraríamos, para a nossa felicidade, outros amigos dispostos a nos ajudar. Pessoas muito, muito queridas que, vira e mexe, estão conosco em diversas encarnações.

Sabe aquela criatura que você nunca viu e simpatiza logo de cara? Pois é. Sempre se trata de alguém com a qual nos damos bem. Um amigo querido, um parente ou um amor do passado.

Novamente, eu e minha mãe vivemos perto e longe. Algumas coisas não saíram como planejado, pois nossos vícios morais como: o orgulho, a vaidade, a ambição e também o livre-arbítrio fazem a gente mudar tudo. Não é mesmo? Planejamos, planejamos, mas, na verdade, precisamos dominar nossas mazelas, vencer nossos vícios morais, nossos pontos fracos. Precisamos nos conhecer bem para trabalharmos aquilo que atrapalha a nossa evolução.

Reencarnamos.

Você, sempre querendo me proteger, desejando o melhor para mim e cumprindo sua promessa.

Mas eu... Vejam só.

Vivi em um *chateau*, na França. Um lugar suntuoso, com todo o luxo que se podia experimentar na época. Tinha tudo o que desejei e reclamei, na espiritualidade. Tudo o que não tive na última encarnação.

Minha infância foi alegre e feliz a meu ver. Vivia solto. Sem limites.

Empregados me serviam e me bajulavam. Era verdadeiramente amado por eles.

Eu tinha uma ama, uma babá que se chamava Natalie. — Uma daquelas almas queridas que reencarna junto de nós pois, se algo der errado, vem ao nosso socorro para ajudar. — Ela se dedicava inteiramente aos meus cuidados.

Natalie foi minha ama de leite desde meus primeiros meses de vida e me viu crescer. Pela manhã, cuidava de mim ou tentava enquanto eu, animado, corria e pulava falando sobre as aventuras que planejava para aquele dia. Ela ria e até ajudava com opiniões a respeito, o que me dava mais ideias.

Meu desjejum era feito na cozinha, o que eu adorava. Era divertido ficar junto aos empregados que brincavam muito comigo.

Meu melhor amigo era um garoto quase da mesma idade, filho de Natalie. Seu nome era Nícolas — o mesmo Angus da encarnação passada que viria como amigo a me aconselhar. — Havia uma diferença de, aproximadamente, dois anos entre nós e nos dávamos muito bem.

Corríamos pelo *chateau*, brincávamos juntos. Éramos aventureiros e exploradores como toda criança.

Nosso lugar predileto era o de ficar junto aos cavalos, nas estrebarias ou assistindo aos animais sendo domados.

Não nos deixavam cavalgar sozinhos. Tudo era feito com supervisão. Conforme fomos crescendo, eu e Nícolas fugíamos e nos metíamos em aventuras, voltando machucados, mas repletos de histórias do que aprontávamos.

Não havia segredos entre nós. Tínhamos uma bela amizade.

Nessa época, meu pai, Marsily Oliver — que foi o padre Brendo —, pouco se importava com isso. Trabalhava muito para nos dar todo o conforto. Preocupava-se demais com seus negócios. Minha mãe, Antoinette Olivier — que foi a Madre Conceição na outra vida —, não aprovava a situação. Para ela, Nícolas não tinha nível para ser meu amigo. Afinal, ele era filho de empregados.

❖

Sei que, nesta parte da história, os leitores acreditam que algo deu errado no planejamento reencarnatório, pois estava programado para eu nascer filho de Louise e não de Antoinette. Mas não houve erro. Vamos seguindo que vocês vão entender em breve.

Éramos os nobres mais bem abastados daquela região da França.

Eu era muito sozinho e se não fosse por Nícolas, seria bem pior. Não teria ninguém com quem dividir.

Meu pai viajava muito e, algumas vezes, minha mãe o acompanhava, deixando-me sob os cuidados de minha ama Natalie e dos demais empregados. Minha mãe parecia não se importar muito comigo.

Chegavam a ficar fora por dias, semanas e até meses quando as viagens eram para o exterior.

Meu pai, um homem muito influente na política, era também um grande produtor de trigo entre outros produtos agrícolas da região. Produtos bem aceitos no país e até no exterior.

Tínhamos muito dinheiro e isso era evidente. Nosso *chateau* era no campo, próximo aos cultivos. Devido a distância dos grandes centros, comecei a ser educado em casa.

Entre alguns dos preceptores, tinha uma que eu adorava. Seu nome era Louise — olha você aí, mãe! — Eu tinha um carinho especial por Madame Louise, minha professora de Línguas. Seu jeito sorridente me cativava. Sua paciência com minhas dificuldades fazia-me querê-la muito bem.

Inquieto, não conseguia permanecer muito tempo trancado na sala de estudos, muito menos na biblioteca e Madame Louise conseguia compreender isso. Por essa razão, muitas de suas aulas eram renovadoras para a época. Quando eu estava muito impaciente, tínhamos nossas aulas no jardim de casa. Dessa forma, podia prestar mais atenção no que minha professora predileta ensinava. Gostava de vê-la andando entre as flores naqueles passos lentos. Isso me acalmava.

Eu não entendia a razão de tanto estudo. Já falava perfeitamente meu idioma. Sabia me expressar. Achava que não precisaria falar outros idiomas. Afinal, de que me serviria? Não via utilidade. Mas Madama Louise, com sua paciência peculiar, sempre dizia:

— Jean-Pierre, Jean-Pierre... Aprender a compreender o mundo é muito importante. Ainda mais para você, tão jovem e com condições de conhecê-lo, explorá-lo e fazer grandes obras.

Eu ria. Não me achava pronto para nada disso. Meu interesse estava em cavalgar com meu amigo Nícolas pelo vilarejo ou até o fim da propriedade, onde havia um grande penhasco.

Minha compreensão era muito limitada. Meus pais ainda não haviam me permitido viajar com eles. Não tinha a menor ideia do tamanho do meu país, muito menos do resto do mundo ou do que ele precisava.

Em nossa residência, considerada uma das melhores da província, recebíamos pessoas influentes e até da alta nobreza. Havia festas exuberantes. Muita comida, bebida, artistas com suas apresentações. Músicas que varavam a noite até o amanhecer. Tínhamos acomodações para todos os visitantes que chegavam a ficar lá por dias.

Quando pequeno, não me deixavam participar dessas reuniões. Mas ficava escondido com Nícolas nas escadas que davam acesso ao salão. Víamos e ouvíamos de tudo o que se passava ali perto. Gargalhadas, risos, discussões e até conversas maledicentes.

Ingênuos, não entendíamos o que diziam. Ríamos de muitas coisas e comparávamos muitos dos convidados a animais.

— Olha aquela mulher, parece que tem um pavão na cabeça. Se ela rir alto, ele vai voar!

— Veja aquele homem que tem um pássaro sobre a boca!

— É o bigode! Maior ainda é sua barriga, que parece que vai explodir a qualquer momento. Ele anda como um pato.

Coisas de criança... Senhora pavão, senhor pato, entre outros...

Meus pais não imaginavam ou ignoravam que ficávamos, ali, falando tudo aquilo, rindo e zombando dos convidados. Não sonhavam que achávamos seus amigos parecidos com animais e nossa casa um grande zoológico.

Conforme fui crescendo, percebi que algumas pessoas que se diziam nossas amigas eram inferiores aos animais: sem sentimentos, egoístas, queriam vencer a qualquer custo e eu, com o passar dos anos e, sem perceber, fui contaminado por essa ganância e pelo orgulho.

Meus pais não me davam princípios, orientações saudáveis, não falavam sobre honestidade... Isso faz muita falta a uma criança.

Como já disse, fui criado sem limites. Eu podia tudo.

As melhores orientações recebidas eram de Madame Louise. Ela queria ver meu bem. Mas quem disse que eu ouvia? Assim como minha ama Natalie, que também me fazia pensar e entender diferentes aspectos da vida, dizendo para eu me colocar no lugar do outro. Eu adorava a Natalie. Sempre tão amorosa. Tratava-me como seu filho.

Fui crescendo e educado da melhor forma que meus pais podiam pagar: professores respeitáveis e inteligentes.

Aprendi piano, esgrima e, é claro, minha paixão: equitação! Adorava cavalgar.

Com o tempo, a escolarização em casa não era suficiente. Tive de partir para estudar fora.

Pedi ao meu pai para levar Nícolas, meu melhor amigo, para ser meu consorte — colega, companheiro que tem o mesmo destino — o que foi permitido. Meu pai não se importou em lhe pagar os estudos. Uma forma de recompensá-lo por me acompanhar. Nícolas, lá no fundo, também estava com medo de ficar sozinho ali no campo. Afinal, nunca tivemos outros amigos.

❊

No *chateau*, despedi-me de todos com alegria. Estava eufórico para a nova vida. Conheceria outros lugares além do limitado vilarejo onde morávamos.

Não disse nada, mas meu coração ficou apertado ao me despedir de Madame Louise e da minha ama Natalie, que choraram muito ao me ver de malas prontas. Eu também chorei, às escondidas, claro.

Não imaginava o que me esperava. Sabia que não teria o carinho delas, já que minha mãe nunca fora carinhosa comigo.

Em muitos dias, sequer notava minha presença.

Antoinette, minha mãe, era vaidosa. Só sabia cuidar de sua beleza, saúde e posição social.

Não me lembrava de sentar em seu colo, de ela ter me dado banho ou remédio quando doente. Raramente, ficou ao lado da minha cama nas noites em que tive febre. Tudo era feito por Natalie ou por Madame Louise, minha professora, que sempre estava presente.

Antes de partir, as últimas palavras de minha mãe foram:

— A fortuna do seu pai é grande. Com estudo, você pode torná-la imensa e, se buscar por um bom casamento, uma união cujo dote seja digno de você e das posses que já tem, será o homem mais rico de toda essa região. Encontre uma mulher bonita, mas não muito atraente para que não seja cobiçada e lhe traga preocupações, mas consiga comandá-la para que o respeite. Não tenha muitos filhos, assim terá pouco trabalho e quase nenhum dissabor ou gasto. Se quiser ser feliz, fique na Corte e aproveite a vida lá, mas mantenha sua família aqui, dando-lhe o melhor possível.

Fiquei pensativo. Não consegui entender direito. Talvez, por minha idade.

Seria difícil viver feliz longe de minha família, longe da minha casa e de todos os que viviam nela. O único lugar que havia conhecido e as únicas pessoas que aprendi a gostar e conviver.

Como pensar em arrumar um casamento por interesse?

Não conseguiria fazer aquilo, não naquele momento. Como amar uma mulher submissa?

Via minha mãe mandando e desmandando na casa. Tudo tinha de ser como ela queria e gostava. É certo que, algumas coisas, eram escondidas de meu pai, que também mantinha seus segredos, mas eu não tinha como compreender o que acontecia.

À medida que crescesse, entenderia. Mas não naquele momento.

Assim partimos, eu e Nícolas, para a Paris, pioneira nas inovações culturais, sociais e científicas. A capital e a maior cidade da França era fabulosa!

Nícolas, que parecia tão surpreso e assustado quanto eu, não parava de virar o pescoço à medida que chegávamos mais perto do centro.

Construções as quais não estávamos acostumados encantavam nossos olhos.

A carruagem pegou justamente a margem direita do rio Sena e ficamos encantados com o Museu do Louvre, localizado no Palácio do Louvre que, a princípio deveria ser uma fortaleza no final do século XII, no reinado de Fillipe II. Com os anos, essa fortaleza perdeu sua função. Em 1546, tornou-se a residência principal dos reis franceses. O prédio sofreu reformas e, ampliado, tornou-se o atual Palácio do Louvre. Por volta do ano de 1682, Luis XIV, escolheu o Palácio de Versalhes como residência e o Louvre ficou sendo o lugar para exibir a coleção real. Depois da Revolução Francesa, a Assembleia Nacional Constituinte Francesa decretou que o Louvre seria usado como museu para exposição de obras-primas da nação. Inaugurado no segundo semestre do ano de 1793, depois fechado e reaberto em 1796. Muita polêmica gerou em torno dele, principalmente na época de Napoleão.

Já tínhamos ouvido falar tanto do Louvre que era impossível não ficarmos encantados, curiosos e loucos para conhecer. O que fizemos assim que nos acomodamos no solar da minha família.

À medida que o tempo foi passando, eu e Nícolas nos tornávamos cada vez mais próximos. Nossa amizade era reforçada pelo fato de não conhecermos mais ninguém por ali. Tínhamos muita liberdade. Até demais, uma vez que ninguém nos vigiava.

Em algumas temporadas, por ocasião de seus negócios, meu pai passava algum tempo conosco. Era raro minha mãe ficar por ali, mas acontecia.

Estudávamos muito. Conhecemos novos amigos e passei a adorar as conversas no clube de cavalheiros, que ficava em uma rua próxima à Universidade. Algo bem diferente do que presenciava no campo. Era mais comum ver mulheres tagarelando do que homens conversando. Perdoem-me, mulheres. Mas, naquela época, infelizmente, eu pensava desse jeito.

Descobrimos muitas diversões na cidade grande e de diversas oportunidades.

Não foi difícil nos acostumarmos com as facilidades e mordomias. Mas Nícolas parecia guardar, em si, a mesma ingenuidade do campo.

Havíamos combinado de que ele seria apresentado como meu primo. Dessa forma, ninguém estranharia quando estivesse comigo em todos os lugares.

A Universidade era um mundo maravilhoso. Um outro universo!

Eu amava a magistratura, enquanto Nícolas adorava filosofia. Se não fosse para a Universidade, seria padre ou filósofo, dizia ele. E eu ria.

Meu amigo não havia se enamorado por nenhuma moça e disse-me que estava esperando a mulher certa, aquela que arrebatasse seu coração. Ao contrário de mim.

Eu seguia bem nos estudos. Dedicava-me muito e fui convidado para trabalhar em um escritório de um de meus professores, algo como estagiário. Até recebia algum dinheiro pelos serviços prestados.

Às vezes, acreditava que isso aconteceu porque os mestres queriam agradar meu pai, homem influente na política. Mas não ligava. Gostava do que fazia.

Voltávamos para o campo em todos os períodos de férias.
Nícolas adorava rever sua família. Seus pais o recebiam muito bem. Como pais devem receber filhos.
Eu ficava pensando porque meus pais não eram iguais aos dele: carinho, afeto, longas conversas...
Por muitas vezes, eu ficava lá, na casa da que foi minha ama, Natalie, ouvindo as conversas, apreciando seus cozidos, bolos e sopas. Algo bem familiar.
Eu tinha saudade da minha casa. Gostava de lembrar da minha infância, das peraltices. Adorava cavalgar, o que era difícil fazer na cidade. Mas, em casa, faltava algo acolhedor. Faltava aquela conversa amiga, faltava proximidade minha com meus pais.

Eram férias de verão quando eu e meu amigo fomos cavalgar naquela manhã e matar saudade dos passeios que fazíamos.
Sempre tínhamos algo para conversar. Era impressionante.
Depois de muito tempo, paramos próximo ao penhasco onde, apeados dos cavalos, sentamos no chão, jogando pedras até ouvi-las batendo no rochedo.
Eu estava um pouco pensativo. Gostaria de dar um destino melhor para minha vida, embora não soubesse o que fazer. Algo me incomodava, nesse sentido.
Levantamos dali e retomamos os animais. Decidimos apostar uma corrida e assim o fizemos.
Quando o venci, paramos para dar descanso aos cavalos e, nesse momento, ouvimos um trotar rápido e ficamos atentos.

Dentre as árvores que nos rodeavam ali, naquele bosque, vimos uma moça gritando, desesperada, montada em um cavalo desgovernado.

Montamos novamente e saímos correndo, perseguindo o animal. Percorremos longa distância até que consegui segurar as rédeas e frear o cavalo.

Nícolas ajudou a moça a descer enquanto eu segurei a montaria.

Ela estava pálida, assustada e ofegante como se tivesse corrido junto.

Quando conseguiu se acalmar um pouco, ela agradeceu, parecendo desfalecer. Para se acalmar, nós a colocamos embaixo de uma árvore até que se recuperasse.

— Sou grata pela ajuda. Não sei o que seria sem os senhores. Não estou acostumada com essa montaria e acreditei que pudesse dominá-lo. Quando começou a correr rápido demais, não consegui segurá-lo e acabei me desesperando. Logo à frente, tem o precipício e não sei como poderia pará-lo. Graças a Deus os senhores apareceram. Muito obrigada mesmo.

— Não é necessária tanta cortesia. Pode nos chamar de Jean-Pierre e Nícolas. Eu sou Jean e ele é meu primo. *Mademoiselle*, quem é? — perguntei.

— Meu nome é Charlote. Perdoem-me pela gafe de não me apresentar, é que...

— Prazer Charlote — tornei educado, estendendo a mão e fazendo reverências.

Nícolas fez o mesmo, mas pareceu segurar sua mão por mais tempo, ou foi minha impressão?

— Mais uma vez, obrigada por terem parado o meu cavalo.

— Não precisa agradecer. Foi nosso dever. Mas... De onde você é? Está em visita na região? — fiquei curioso em saber.

— Não. Moro seguindo essa estrada, depois da ponte.

— Depois da ponte? Eu não me lembro de tê-la visto antes neste vilarejo. Certamente, não me esqueceria de tamanha beleza.

— Sempre morei aqui. Embora, tenha ficado algum tempo fora, estudando em outra cidade, em uma escola para moças.

Retornei há pouco. Já ouvi falar do senhor. Minha mãe é preceptora na região.

— Sua mãe? — fiquei admirado.

— Sim. Ela já deu aulas para os senhores. Tenho certeza. Já ouvi seus nomes inúmeras vezes. Minha mãe é Madame Louise.

Achei muito estranho aquela linda moça ser filha de Madame Louise. Não se pareciam. Eram bem diferentes. Além disso, nunca tinha ouvido dizer que minha professora tivesse se casado ou que tivesse uma filha. Naquele instante, não me lembrava dela de forma alguma.

Charlote percebeu que fiquei desconfiado e até curioso e logo tratou de explicar:

— Na verdade, Madame Louise é minha tia. Minha mãe, sua irmã, morreu quando eu nasci e fiquei sob seus cuidados. Eu a chamo de mãe. Por não ter conhecido minha mãe e por receber tanto amor e carinho, não poderia ser diferente.

Fiquei maravilhado com Charlote, logo no primeiro instante. Era uma moça de beleza diferente e rara na região. Traços fortes. Cabelos escuros, longos e ondulados. Pele morena clara e olhos cor de mel, quase claros. Muito diferente de todas que já havia conhecido.

Saber que estudou deixou-me curioso. Muito difícil naquela época uma jovem do campo estudar.

Charlote era bem falante e começou a conversar animadamente comigo e com Nícolas. Parecia que já nos conhecia de longa data.

— Ouvi falar muito do senhor na infância, principalmente. Que era teimoso e inquieto. Até que foi para Paris. Nessa época, minha mãe chorou muito. Sentiu sua falta. Estranhava não ter de preparar mais suas aulas. Ela dizia que você seria um grande homem.

Ela riu, um riso doce, e eu quis saber a razão:

— Do que está rindo?

— Minha mãe dizia que você era muito bonito.

— E não sou?

Educada, desviou o assunto ao responder, afinal, era uma dama:

— É muito elegante mesmo, senhor. Ela contava que o senhor não gostava de ficar muito tempo em uma atividade. Era muito ativo e ansioso. Que apreciava as aulas no jardim, onde podiam andar e conversar exercitando idiomas.

— Imagino que Madame Louise tinha muito o que falar de mim e, pelo visto, você se lembra de cada detalhe.

— Já do senhor Nícolas, não tenho muito conhecimento, pelo menos, a respeito de sua personalidade. Sei que não é seu primo e que é filho da senhora Natalie — sorriu de modo espirituoso.

Senti meu rosto corar pela mentira descoberta. Aquilo não deveria acontecer.

Nícolas ficou rindo, o que piorou a situação.

— Nícolas é tão meu amigo que o apresento como primo. É isso — expliquei insatisfeito, parecendo arrogante.

— Naturalmente! Isso é certo. Tenho uma amiga tão querida, em Paris, que a apresento como prima também. Perdoe-me por desvendar sua real história. Não foi com intenção de mexer com seu brio, menos ainda, de envergonhá-lo. É que minha mãe e a senhora Natalie são amigas de longa data. Estou percebendo que o senhor Nícolas não se lembra, mas sua mãe ia muito à minha casa.

Nícolas parou de rir e começou a pensar. Sorriu largamente para Charlote e perguntou:

— Você era aquela menininha franzina que brincava naquela casa de bonecas estropiada nos fundos do quintal da casa de Madame Louise?

— Eu mesma. Na verdade, não era uma menininha. Era um bichinho do mato! — riu de si mesma. Um riso cristalino e doce, que me encantou.

— Lembro-me dos bolos que sua mãe preparava quando íamos lá e você se escondia. Quase nunca vinha lanchar conosco. Para eu não ouvir as conversas de adulto, diziam para eu ir para o quintal brincar com você, mas... — riu e lembrou

— Você fugia de mim no começo. Recordo de suas trancinhas saltando quando corria e da boneca que carregava sempre.

— Isso mesmo! Era eu — riu com gosto.

— Até a bonequinha tinha tranças iguais as suas.

— Verdade. O tempo foi passando... Conversamos algumas vezes. Você jogou flores e disse que eram para minha casa de boneca. Peguei, agradeci e me aproximei. Desde então, passamos a conversar. Não se lembra?

— Acho que sim — Nícolas respondeu.

— Adorei quando fez isso. As flores ficavam em uma cerca bem alta e eu não alcançava. Eu o achava educado, bonito e elegante — o elogio pareceu saltar de sua boca e ela ficou ruborizada, mudando de assunto o quanto antes: — Com o tempo, deixou de nos visitar. Acho que ficou crescido demais para visitar as amigas de sua mãe.

Foi naquele comentário tão simplório que percebi, pela primeira vez, sentir ciúme de Nícolas.

Por que Charlote o achou bonito, elegante, educado e disse isso?

Ela não falou da minha beleza e educação. Eu me achava mais bonito do que Nícolas. Além disso, eu era mais rico. Ela sabia disso, mas pareceu não fazer diferença. Não gostei.

Pensei que deixaria para lá. Não iria me importar com o comentário de uma moça do campo, filha de uma mulher que foi empregada por minha família. Como eu era arrogante!

Nesse momento, decidi:

— Vamos, Nícolas! Precisamos levar essa senhorita a sua casa. Assim ela não correrá o risco de cair do cavalo e ainda posso matar a saudade da Madame Louise. — Virando-se para ela, perguntei: — Sua mãe está em casa?

— Ah... Sim. Está em casa. Mas não precisa se incomodar. Posso puxar o cavalo até onde moro.

— De forma alguma! — falei decidido. — É muito longe. Posso montar seu cavalo e você vai montada no meu, que é mais tranquilo. Já está acostumado com a região e foi amansado por mim mesmo. É um animal dócil. Posso garantir.

— O senhor tem certeza de que montar esse cavalo bravo não será perigoso?
Ri com gosto e disse:
— Meu nome é perigo! — montei o cavalo e saí ligeiro. Foi para aparecer, lógico.
Fiquei imaginando que ela perderia seu olhar naquele belo cavaleiro e cavalheiro que a tirou do perigo. Mas acho que não.
E eu fui à direção da casa, deixando-os para trás.

CAPÍTULO 12
Um amor de outra vida

A cavalgada até a casa de Charlote foi muito boa para os pensamentos. Parei de remoer aquele ciúme que me contrariou. Não entendia a razão de tamanha atração. Como poderia gostar de uma pessoa sem tê-la conhecido antes? Que estranha força era aquela, daquele sentimento inexplicável?

Naquele momento não conseguiria responder.

Não entendia que ciúme é sinônimo de insegurança, arrogância, egoísmo e orgulho.

Durante o percurso, fiquei pensando em Madame Louise, minha professora preferida. Fazia muitos anos que não a via. Praticamente, vivi sob seus cuidados desde que me entendia por gente. Ela foi contratada após meus primeiros anos de vida, logo que comecei a falar corretamente o idioma Francês. Ensinou-me vocabulários e depois, o idioma inglês, italiano e um pouco de latim.

Estava realmente com saudade dela. Recordava o seu jeito carinhoso, a sua atenção, as conversas de aconselhamentos tal qual uma mãe. Muitas vezes, percebia que Madame Louise tratava-me melhor do que minha própria mãe.

Novamente, os pensamentos se voltaram para Charlote. Uma jovem muito bonita. Deveria ter minha idade, talvez. Fiquei imaginando se ela teria algum pretendente.

Provavelmente sim. Era muito bonita e gentil.

Charlote era diferente das moças que conheci em Paris.

Ao chegar a casa onde moravam, observei uma residência simples e bonita. Encantadora pelo belo jardim repleto de flores, que se antecipavam à primavera.

Já tinha ido até lá e, naquele momento, não me lembrava de ter visto aquela jovem, ainda menina, por ali. Com o tempo, uma lembrança vaga, uma sombra de recordação vinha à memória.

Talvez, eu fosse tão pequeno que não seria capaz de recordar.

Parei em frente da entrada e esperei alguns segundos para que Nícolas e Charlote fizessem o mesmo. Não queria ser indelicado.

Charlote desceu do cavalo e sorria para Nícolas, que a ajudou a desmontar.

Novamente, aquilo me incomodou demais. Algo me corroía por dentro. Mas não disse nada.

Não saberia explicar. Achei que Nícolas tentava tirá-la de mim, como se Charlote já me pertencesse.

Fiquei contrariado. Mas disfarcei. Porém, meus pensamentos não paravam.

Será que Nícolas estaria interessado na jovem? Nunca o tinha visto daquela forma, tão prestativo e atencioso com uma jovem.

Charlote, sem perceber nada, foi chamar por sua mãe para receber os visitantes.

Não demorou e a Madame Louise saiu para a pequena varanda secando as mãos em um pano bem alvo.

Logo que nos viu, ficou visivelmente emocionada.

— Não acredito que estejam aqui! Meus meninos! Que bom revê-los!

Inesperadamente, foi à minha direção e me abraçou. Correspondi, apesar de achar estranho. Eu não era mais aquele menino que ela havia dado aulas. Sentia-me um homem. Mesmo assim, correspondi. Foi muito bom abraçá-la. Melhor do que abraçar meus pais.

Em seguida, foi à direção de Nícolas e fez o mesmo.

— Venham! Entrem! Entrem! Fiquem à vontade.

Entramos. A casa era simples, mas, incrivelmente, bem-arrumada e delicada.

— Onde os encontrou, minha filha? Como sabia quem eram?

Sem demora, Charlote contou:

— Eles salvaram minha vida, mamãe.

— Como assim?! O que aconteceu?!

— Fique calma — tornou a jovem. — Já está tudo bem agora. Hoje, selei aquele cavalo que o senhor Odélio trouxe e deixou na estrebaria. — Virando-se para nós, ela explicou: — O senhor Odélio é nosso vizinho. É um senhor viúvo e uma pessoa muito gentil — Na verdade, tratava-se de uma alma maravilhosa que reencarnou naquela época para ajudar Louise, minha mãe, caso as coisas não saíssem como combinado. Então, lá estava Odélio, firme e forte, auxiliando em tudo, inclusive, com uma amizade. Encarnados, não sabíamos disso. E Charlote ainda contou: — Por não termos ninguém que faça os serviços mais pesados que uma propriedade dessa tem, ele se oferece para nos ajudar sempre. Às vezes, traz seus animais para cá a fim de trocar de pasto ou para separá-los, por algum motivo. Ele cria cavalos de raça para vender.

Eu conhecia o senhor Odélio. Gostava muito dele. Mas não me manifestei. Meu pai fez negócios com ele. Quando ia à minha casa com seus cavalos eu adorava. Ficava fascinado. Ele me ajudava a subir nos animais, ensinava-me a montar e a conduzir a cavalgada com segurança. Ficávamos conversando por horas. Conversava com ele mais do que com meu próprio pai.

— Por que foi mexer com esse cavalo, minha filha?

— Achei que ele estava preso tempo demais. Precisava de exercícios. Achei que era exagero do senhor Odélio quando falou que o bicho era arisco. Achei-o calmo e tranquilo até montar e dar as primeiras voltas. Não demorou e ele disparou. Não consegui controlá-lo. Pegou a estrada e foi rumo ao penhasco. Foi então que esses dois jovens senhores conseguiram parar o animal e salvar minha vida.

— Que horror! — Madame Louise expressou-se realmente assustada. — Sua teimosia quase custa sua vida, menina! Deveria ter obedecido ao senhor Odélio. Se ele trouxe o animal para cá, algum motivo tinha.

Charlote foi para junto dela e a acalmou com um afago e um beijo ao dizer:

— Fique tranquila. Já passou. De hoje em diante, prometo tomar cuidado. Agora, sejamos hospitaleiras com nossos convidados — disse a jovem, querendo mudar de assunto. Sabia que a mãe nunca deixava a cozinha vazia de bolo ou biscoitos.

— Essa menina... — Madame Louise reclamou e sorriu. Sabia o quanto Charlote era ativa. Gostava de cavalgar, caminhar por longas horas e ler. Era capaz de passar horas mergulhada em livros. Até se esquecia da hora e de seus compromissos. Adquiriu esse hábito por Louise ter essas práticas. Ela acreditava que as mulheres tinham uma capacidade maravilhosa de aprendizado, pois se dedicavam a tudo com mais paixão que os homens que, na maioria das vezes, eram muito práticos e pouco amorosos.

Madame Louise não havia se casado. Vivia com a filha adotiva naquela pequena casa. Não me lembrava de tê-la visto com algum namorado. Mas a filha sabia que recebia cartas, que escondia em uma caixinha muito bem guardada.

Algumas vezes, Charlote a viu mexendo e remexendo nas correspondências, chorando, inclusive.

Apesar de o senhor Odélio ser um homem interessado em Louise, ela não se permitia.

Como amigos, conversavam muito e ele, sempre prestativo e educado, colocava-se à disposição. Mas, entre eles, não havia nada, pois ele percebia a distância que Louise mantinha e a respeitava.

Todo aquele dia foi de muita surpresa para quem vive no campo. Desde o cavalo desgovernado, até a inesperada visita à casa da minha antiga preceptora.

Enquanto preparava o chá na cozinha, a jovem Charlote podia ouvir a conversa animada na saleta.

Percebeu que sua mãe já estava mais calma e feliz com a presença dos visitantes. Entretanto, sabia que ouviria um bom sermão, assim que fôssemos embora.

Após arrumar o chá fumegante em seu melhor bule e sobrepô-lo em uma bandeja, a jovem foi à busca dos biscoitos guardados em um pote.

Ao arranjá-los em um prato decorado, ela não resistiu. Pegou um dos biscoitos e deu uma mordida. Colocou-o na beirada do prato e voltou para pegar as xícaras, ajeitando-as, em seguida, na bandeja.

Calmamente, levou-os até a saleta, onde todos estavam, colocando tudo sobre uma mesa central.

Ao olhar para tudo que estava lindamente arranjado, não resisti. Ao ver, na beirada do prato, o biscoito mordido, quis mexer nos brios da jovem. Talvez, fosse uma forma de me vingar por ela ter me envergonhado quando descobriu que menti e não era primo de Nícolas.

Por isso, sorri com certo sarcasmo e disse:

— *Mademoiselle* Charlote, acho que esse biscoito está com defeito — disse isso pegando-o na mão e exibindo.

De imediato, percebi seu rosto ruborizado. Senti que havia esquecido o bendito biscoito mordido e não saberia como se desculpar.

Nícolas, suavizando a situação, falou de modo amigo para não deixá-la sentir-se mal:

— Toda anfitriã que se preza experimenta o que vai servir para saber se está ideal e ao nível de seus convidados. Não quer desagradar suas visitas. E a senhorita não fez diferente.

Confesso que não esperava por aquela resposta. Gostaria que Charlote tivesse respondido.

Mas não demorou e ela o fez:

— Na verdade, senhores, eu estava com tanta saudade dos biscoitos de minha mãe que, ao abrir o pote, não resisti e mordi um deles. Também quis experimentar antes de servi-los, como bem lembrou o senhor Nícolas, de modo tão elegante. Não poderia servir qualquer coisa para visitantes tão considerados.

Impressionado com sua sinceridade, fiquei mais envergonhado do que ela.

— Perdoe-me, senhorita. Fui sarcástico sem qualquer necessidade. Na verdade, só queria brincar com a senhorita.

— Fiquem tranquilos, meus jovens. Sei que vocês não perdem oportunidade alguma de se alfinetarem — disse Madame Louise sorrindo. — Agora vamos ao nosso chá, antes que esfrie. Garanto que há mais biscoitos inteiros no prato — completou de modo bem-humorado.

Enquanto conversamos, tomamos nosso chá e comemos os biscoitos.

Esqueci a hora até Nícolas alertar sobre estar tarde.

Haveria visitas em casa e precisávamos nos aprontar.

Ao me despedir da jovem, ofereci-me para domar o cavalo que a fez passar tanto susto. Ela sorriu, o que entendi que concordou. Sem que eu esperasse, virou-se para meu amigo e falou:

— Venha junto quando o senhor Jean-Pierre for domar o cavalo. Dessa forma, poderemos conversar um pouco mais.

— Caso eu não tenha outros afazeres, venho sim. Agradeço o convite — Nícolas respondeu. Percebeu que eu havia gostado da moça.

A caminho de casa, depois de boa parte percorrida em silêncio, Nícolas me perguntou:

— Mais uma conquista para sua lista? — Não respondi. Fiquei imaginando se ele gostaria de saber do meu interesse ou se estava questionando como um amigo. Então, ele aconselhou: — Não brinque com essa moça. Ela é filha da Madame Louise, que foi sua preceptora, conhece-o e lhe quer muito bem. Viu como o recebeu? — Novamente, não respondi. — Além disso, por ela, minha mãe tem grande apreço.

— É verdade. Também fiquei feliz em rever minha preceptora. Fazia tanto tempo...

— E sobre Charlote, o que me diz?

— Não tenho o que dizer — tornei, verdadeiro.

— Eu o conheço muito bem. Logo estará arrastando asa para a moça.

— Não fale nada para minha mãe ou meu pai sobre o que ocorreu. Sabe como eles são em relação aos meus envolvimentos amorosos. Principalmente, por se tratar da filha de uma empregada.

— Envolvimento amoroso? Foi isso o que ouvi? — questionou Nícolas com ar de graça.

Havíamos chegado à minha casa e eu quis mudar de assunto, dizendo:

— Vamos nos aprontar. Você vai ter de se entender com sua mãe. Ela deve ter se preocupado com seu sumiço o dia inteiro. Já a minha, nem deve ter notado minha ausência.

— Não reclame! Seus pais cuidam muito bem de você! — tornou meu amigo ao descer de seu cavalo, pegar meu animal e levar para as baias.

— Não estou reclamando! — quase gritei. E, em pensamento, disse só para eu ouvir: — O carinho de minha mãe é diferente das demais mães e você sabe disso.

Madame Louise estava radiante com as visitas que recebeu. Não esperava. Estava com muita saudade de mim desde a viagem para prosseguir meus estudos. Não nos víamos fazia anos.

Chegou a pensar em enviar uma carta, mas achou que pareceria estranho ela me escrever e perguntar como estavam as coisas, como iam os estudos e tudo mais. Como poderia fazer isso? Afinal, não passava de uma professora. Ela desejava, imensamente, acompanhar mais essa etapa da minha vida, mas não teria como. Quebraria o acordo feito com Marsily Oliver.

CAPÍTULO 13
O nascimento de Jean-Pierre

A vida tinha sido muito estranha para Madame Louise. Ela confiava demais nas pessoas. Sua fé continuava inabalável. Era incrível. Algo de sua natureza.

Quando jovem, lecionava para o filho caçula de um casal de outro vilarejo. Nessa ocasião, ela teve a oportunidade de conhecer Marsily Oliver, um jovem elegante e culto, oriundo de uma família abastada. Ele estudava na Capital e era o melhor amigo do irmão do garoto para o qual ela lecionava.

Em suas idas até a casa de seu melhor amigo nas últimas férias do seu curso, Marsily tirava um tempinho para conversar com a doce Louise, jovem sonhadora que se encantou por ele.

Foi assim que o romance começou. Juras de amor e muitos encontros.

Ela se abateu muito com a morte de seus pais em uma viagem de navio.

Nessa época, sua irmã, que morava em outra cidade, não pôde visitar-lhe e ambas, a distância, viveram o luto com trocas de cartas em que tentaram se apoiar.

Sensibilizado, Marsily Oliver, procurou ficar presente o máximo possível.

Mas, Marsily Oliver viveu grande conflito.

Um casamento de interesses estava arranjado por seus pais. Ele deveria se casar com Antoinette, uma jovem, única herdeira, de uma família abastada. O compromisso deles era desde a infância e Marsily Oliver não quis desagradar aos pais. Seu livre-arbítrio, ou seja, seu poder de escolha alteraria todo o planejamento reencarnatório. E foi evidente que sua ganância, seu orgulho o guiou para escolhas erradas. Não ficaria com uma simples professora que lecionava no campo, que não tinha qualquer dote para lhe oferecer. Era lógico que escolheria unir as fortunas com uma outra mulher.

Em uma primavera, dizendo à Louise ter de fazer uma longa viagem de negócios, Marsily Oliver e Antoinette se casaram em Versalhes. Uma grande festa marcou a cerimônia repleta de convidados ilustres.

Marsily Oliver herdou todos os negócios da família de Antoinette e tornou-se muito influente. Mais até do que seu pai.

Preferiu viver no *chateau*, no campo, próximo aos cultivos, onde administraria seus negócios. Viajaria quando necessário, afinal, não poderia fechar transações comerciais dali.

Na verdade, ele pretendia continuar com suas visitas a Louise, por quem havia se apaixonado e, se morasse na cidade, na capital Paris, onde seria ideal, dificilmente poderia ir até o campo para vê-la. Por cerca de dois anos ele continuou a enganar a esposa e a namorada.

Não demorou muito e, por intermédio de uma amiga, Natalie, Louise ficou sabendo que seu pretendente havia se casado e morava no *chateau* da família, residência que, anteriormente, era de veraneio.

Em seu próximo encontro com Marsily Oliver, Louise o rejeitou. Pediu que fosse embora, pois não iria se envolver com um homem comprometido.

Inconformado, precisou aceitar.

Com o passar das semanas, Louise percebeu que estava grávida e não sabia o que fazer.

Ficou assustada. Ela era uma pessoa respeitável. Lecionava para filhos de famílias influentes. Tinha um nome a zelar.

Além disso, vivia na casa deixada por seus pais. Tinha pouco dinheiro guardado, fruto da venda do armazém que seu pai era proprietário, que dividiu com a irmã, pois seu irmão havia ido para a América e nunca mais mandou notícias.

Naqueles tempos, era muito difícil para uma mulher assumir uma vida sozinha, ainda mais com um filho. Sustentar-se, trabalhar e se manter, tudo era complicado, mesmo na França, onde, praticamente, começou a liberdade feminina.

Louise, considerável preceptora, escondeu a gravidez dos últimos meses por debaixo de roupas largas graças a um inverno rigoroso naquele ano. Não contou nem para Natalie, sua melhor amiga, grávida na mesma época. Nem tampouco para sua irmã, também grávida, que vivia em outra cidade com seu marido.

Acreditou que o pai de seu filho precisaria saber. Nem se fosse após o nascimento.

Em uma noite muito fria em que a neve salpicava os telhados, sozinha, deu à luz um menino: eu. A espiritualidade a amparou.

Já havia acompanhado, por duas vezes, junto com uma parteira, o parto de sua melhor amiga Natalie. A primeira vez, dois anos antes, quando nasceu Nícolas. A segunda, havia sido há cerca de dois meses, quando Michelle, a irmã de Nícolas, nasceu.

Por isso, Louise sabia o que fazer.

Nasci grande e saudável.

Minha mãe havia preparado roupinhas para minha chegada.

As férias do mês de dezembro foram ideais para ninguém perceber que eu havia nascido. Com o frio rigoroso, ninguém saía de casa e ela não dava aulas.

Por essa razão, minha mãe enviou recado ao senhor Marsily Oliver. O mensageiro foi até o *chateau* de sua propriedade e aguardou ocasião de vê-lo sozinho.

Meu pai aceitou de imediato o convite e foi até sua simples residência. Acreditou que haveria a possibilidade de se reconciliarem.

Mas não era isso. Ao saber da minha existência, ele ficou extremamente surpreso. Surpreso e encantado. Emocionou-se ao me pegar em seus braços e repetir o nome que minha mãe havia me dado: Jean-Pierre.

Marsily Oliver achou que nunca teria um filho, pois havia poucos meses que os médicos diagnosticaram que sua esposa Antoinette não poderia ter filhos. Ela era estéril. Nos últimos meses, sua mulher tinha ficado no solar, em Paris, tratando com outros especialistas para tentar engravidar. Em vão.

Ele prometeu ajudar minha mãe. Disse que voltaria outras vezes e voltou.

Após dois meses, meu pai retornou com a seguinte proposta:
— Louise, minha querida, você sabe que minha esposa não pode gerar um herdeiro. Mas agora, graças a você, tenho

um filho. O filho que sempre sonhei. Fruto do nosso amor. Veja bem, será muito difícil para você cuidar desse menino sozinha. As dificuldades que vão enfrentar são imensas. O preconceito, a rejeição das pessoas! Precisa pensar nisso! O que vão dizer? Pense no seu filho! Quando crescer só terá você e não terá uma família de fato. Vão zombar dele, vão... Além das dificuldades financeiras. O melhor seria ele viver comigo. Ele terá amor, carinho, posses! Pense nos bens que ele vai herdar e nas possibilidades que Jean-Pierre vai ter! Nosso filho terá pai e mãe e um nome. Poderá ir para a Universidade! Sou rico e influente!

— Como pode pensar assim! Sou mãe dele! Não posso dar meu filho! Ele é fruto de nosso amor. Do amor que você jurou sentir por mim. Você me enganou!

— Não é como está falando. Está sendo dramática. Nunca a enganei. Sempre a amei.

— O que fui, então? Uma reprodutora? Você mentiu! Não falou que havia casado! Fez planos comigo! Prometeu casar-se comigo! Não cumpriu!

— Está errada. Não pense dessa forma. Eu a amo! Só fui embora porque me pediu. Fui forçado a me casar com Antoinette. Foi um acordo de família. Sabe como é isso. Não poderia desonrar o nome do meu pai. Tentei falar com ele, mas... Meu coração foi e sempre será seu, minha Louise. Por favor. Facilite as coisas. — Pensou um pouco e falou: — Minha esposa não tem boa saúde, ficou meses, em Paris, tratando-se com os melhores especialistas. Quando, há dois meses, estive aqui, ela ficou lá. Ontem ela retornou. Chegou muito tarde. Nenhum funcionário a recebeu. O coche — carruagem antiga e suntuosa — que a trouxe foi alugado. Não se sabe quem é o cocheiro. Ninguém a viu chegar. Cansada, dormiu o dia todo. Tenho certeza de que vou chegar e encontrá-la dormindo ainda.

— O que quer dizer com isso? — minha mãe perguntou.

— Quero dizer que é a oportunidade perfeita para o Jean-Pierre ser apresentado como meu filho. Meu e de minha esposa. Diremos que ele nasceu em Paris enquanto Antoinette estava lá. Diremos que ela estava com uma gravidez delicada e que não podia voltar para o campo. Ninguém vai saber. Ninguém vai perceber. Você terá sua vida de volta. Poderá retornar às aulas. Terá seu nome preservado e será bem considerada na região.

— Não... Não posso fazer isso. Eu quero educá-lo. Jean-Pierre precisa crescer ao meu lado!

— Quem disse que não irá educá-lo? Ele pode e vai crescer ao seu lado. Você é uma preceptora considerada e poderá educá-lo. Viverá em minha casa. Pense, Louise! Pense — ele implorou. — Não tenho herdeiros. Na minha ausência, todos os meus bens vão para o Estado. Além do que... A vida é estranha. Minha esposa com a saúde debilitada... Talvez ela não tenha muitos anos de vida e... Louise, pense. Na ausência de Antoinette, você ficará comigo. Vamos nos casar. Jean-Pierre será nosso filho. Estaremos juntos. Pense nisso! Mas pense logo. Precisa decidir isso agora para que eu retorne ao *chateau* com ele. Não posso continuar visitando vocês nem trazendo recursos ou dinheiro até aqui. Com o tempo, isso pode ser descoberto e pode virar um escândalo. Como será a vida do nosso filho? Esse escândalo vai destruir o futuro dele! Vai destruir minha vida também e acabar com a sua reputação! — Ele a pressionava.

Marsily Oliver não parava de falar e não a deixava pensar. Além disso, lá no fundo da alma, Louise sabia que havia feito uma promessa ao seu filho. Uma promessa no plano espiritual da qual não se lembrava, lógico. Apesar de Brendo, ou seja, Marsily Oliver, usar seu livre-arbítrio e escolher ficar com Antoinette devido à união de suas fortunas, Louise ainda ficava com a dívida da promessa que me havia feito, que era o que eu mais desejava: ter bens, estudo, condições, escolarização, família e tudo mais.

Confusa, sem saber o que fazer, pensando nas dificuldades que enfrentariam e no bem-estar do seu filho, Louise entrou em conflito.

— Você promete trazê-lo aqui para que eu o veja? Promete me contratar como preceptora exclusiva?

— Lógico! Em alguns dias, vou trazê-lo aqui para que o veja. Vamos arrumar uma desculpa. Confie em mim. Você vai acompanhá-lo em tudo.

Em pranto, Louise aceitou despedir-se do filho. Seu coração apertava como nunca. Achou que fosse morrer. Mas tinha a certeza de que seu filho teria o melhor na vida: família, educação, uma vida boa, repleta de prosperidades.

Naquela noite, Marsily Oliver chegou ao *chateau* comigo envolto em panos e procurou pela esposa.

Seria difícil, mas precisava contar.

Ao encontrar Antoinette, sem trégua, apresentou-lhe a criança e disse:

— Perdoe-me. Sabe que homens são diferentes. Pensamos e agimos diferentemente de vocês, mulheres. Temos instintos diferentes e...

— O que quer dizer com isso?! O que é isso nos seus braços?! — ficou irritada por vê-lo comigo no colo.

— Este é meu filho e teremos de assumir como se fosse nosso.

— Como assim?! O que quer dizer?!

— Eu amo você, mas não resisti à tentação. Tive um romance com outra mulher que não significou nada para mim. Dele, nasceu um filho. Um filho que ela não quer cuidar, não quer me ver, não quer nada! Não sei o que fazer com a criança. Não posso me desfazer dele. Não posso abandoná-lo na rua e... Pense, Antoinette, por outro lado... Você ficou meses em Paris, tratando-se com os melhores especialistas, para engravidar, e nada. Essa criança é uma bênção para nós! Ele é nosso herdeiro. Cuide dele com todo amor e carinho que a mãe não pode dar. Vamos apresentá-lo como nosso filho, amanhã de manhã. Ninguém a viu chegar aqui. Você não quis ser vista na sociedade parisiense para ninguém saber que estava em tratamento, tentando engravidar, portanto todos vão pensar que nosso filho nasceu aqui. Por outro lado, você não ficou aqui no *chateau* e todos da região vão pensar que nosso filho nasceu em Paris. Não devemos satisfações e tudo será bem fácil. Quanto aos parentes, diremos para eles que queríamos fazer surpresa. Não exibiremos o menino para todos no primeiro instante. Com os meses, ninguém vai perceber que é recém-nascido ou não.

A raiva e a contrariedade tomaram conta do coração de Antoinette. Nunca havia se sentido tão inferior, tão humilhada. A traição fez com que aflorasse todos os seus piores sentimentos, mas ela se conteve.

— Sempre pedi a Deus que nos desse um filho, mas nunca quis que fosse dessa maneira.

— Meu amor, pense. Se Deus errou por fazer seu corpo estéril, Ele corrigiu o erro ao nos dar Jean-Pierre.

— Esse é o nome dele? Jean-Pierre?

— Sim. Eu mesmo o escolhi enquanto o trazia para cá. O pobre nem nome tinha. A mãe pouco se importava. Quando ela mandou me chamar, eu não quis ir. Não teria mais nada a tratar com ela. Estava cruelmente arrependido pelo que fiz. Isso corroeu minha consciência, você não sabe como. Só fui até lá quando o mensageiro veio e trouxe uma carta contando tudo. Assim que peguei a criança, ela partiu. Nem conversamos. Agora, por favor... Preciso do seu perdão. Por favor, por favor... — e colocou-me nos braços da esposa.

Naquele instante comecei a chorar. Isso tirou a atenção de Antoinette que começou a me chacoalhar, pois não sabia o que fazer. Por essa razão não brigaram.

Antoinette sabia das traições do marido. Percebia que, em suas viagens, algo acontecia. Roupas impregnadas de perfumes baratos, marcas de carmim ou batom deixadas quase que propositadamente nas roupas de seu cônjuge a irritava. Mas não reagia. Não dizia nada. Era submissa. Aceitava. Era o costume e a referência da época. Aprendiam isso com suas mães.

Quando a mulher é submissa e dependente de um homem, isso acontece.

Abençoada liberdade feminina, diga-se de passagem.

Por duas vezes, Antoinette descobriu quem eram as amantes e, pagando alto preço com suas joias, mandou espancar até perderem a beleza. Nunca descobriram.

Mas por aquilo ela não esperava. Ter nos braços o filho do marido e ter de chamá-lo de seu, isso seria difícil.

Pensou em matar a criança em uma das viagens do marido e até planejou como fazê-lo, mas temia a reação de Marsily Oliver. Eu era saudável demais para ter alguma doença e morrer de repente.

Naquele momento, o choro começou a incomodar demais e meu pai saiu, aquela hora da noite, a fim de buscar uma ama de leite para me amamentar. Perguntou, em muitos lugares, explicando que sua esposa havia dado luz ao primogênito e que, depois que retornou de Paris, talvez pelo cansaço da viagem, estava sem leite.

Alguém lhe indicou uma jovem mulher que tivera seu segundo filho havia poucos meses e ele foi para o vilarejo bater à casa de Natalie.

Desesperado, explicou a situação. Precisava que ela fosse ama de leite de seu filho. Falou que pagaria bem, mas ela teria de, praticamente, morar no *chateau* por algum tempo.

Natalie explicou que tinha uma filha muito pequena, que a menina tinha quatro meses e precisaria levá-la. Além disso, ela tinha outro filho de quase dois anos e marido.

Marsily Oliver aceitou. Reservaria uma edícula no *chateau* para que Natalie, seus filhos e seu marido morassem lá enquanto precisassem de ama de leite.

Natalie falou com seu esposo e ambos aceitaram.

No primeiro momento, ele pensou em chamar minha própria mãe, mas ficou com medo de a verdade aparecer.

Com o passar dos dias, minha mãe Louise não teve notícias minhas e entrou em desespero.

Procurou Natalie, que estava em sua residência buscando algumas de suas coisas que haviam ficado para trás. Pediu para a amiga que fosse até sua casa depois, porque precisavam conversar.

Madama Louise havia começado a dar aulas e ficou sabendo que Natalie tinha sido chamada para ser ama de uma criança no *chateau*.

Ao cair da tarde daquele mesmo dia, antes de retornar para sua nova casa, Natalie procurou por sua amiga.

Foi até sua casa e, recebida, estranhou o abatimento visível de Louise.

— Minha amiga, há muitos dias não nos vemos! O que aconteceu para estar assim tão sofrida?

— Preciso lhe falar. Perdi a pessoa mais importante da minha vida. Preciso muito da sua ajuda.

— Minha amiga... Não deve se abater. Homem algum merece o nosso desespero.

— É um filho amiga. Um filho não merece o nosso desespero?

Natalie ficou muito surpresa. Não lembrava de ter visto a amiga grávida. Louise esteve em sua casa diversas vezes e a ajudou muito com Nícolas, nas últimas semanas de sua gravidez. Esteve também no dia em que deu à luz a Michelle. Como poderia ter escondido tanto? Recordou das roupas largas da amiga, mas o frio exigia vestimentas grossas. Não bastasse, nunca tinha visto a amiga com nenhum rapaz.

Natalie correu o olhar em busca de uma criança que não encontrou.

Louise chorou e se abraçaram.

— Calma... Não fique assim. Conte-me o que aconteceu. Onde está esse filho?

Louise assim o fez. Narrou tudo o que havia acontecido.

— Então, o pequeno Jean-Pierre, o filho de leite que estou amamentando, é o seu filho?

— Sim. Ele mesmo.

Natalie sentiu raiva e piedade.

Aquilo não poderia ter acontecido com sua amiga. Uma mulher além do seu tempo. Morava sozinha. Teve a oportunidade de ir para a Capital. Estudou. Sustentava-se. Teve a oportunidade de conhecer homens que se interessaram por ela devido as suas qualidades. Louise era bonita, inteligente. Vivia na casa que fora de seus pais e não dependia de ninguém. Marsily Oliver não tinha o direito de destruir sua vida. Não daquele jeito. Nunca tinha visto Louise frágil e abatida. Não era por menos que estava assim.

Natalie e Louise passaram boa parte do início da noite conversando.

A amiga prometeu-lhe ajudar. Faria de tudo para que pudesse ver o filho. Sabia que seria difícil, mas iria conseguir. Principalmente quando Marsily estivesse fora, pois Antoinette não ligava para o menino. Nem queria ouvir seu choro ou saber onde estava. Ela até tinha pena da criança. Pensou que a mãe estivesse evitando alimentá-lo. Mas não era isso.

Para acalmar o coração de Louise, Natalie contou que ela mesma era quem cuidava da criança. Que ele estava bem, bonito e saudável. Não teria com que se preocupar. Prometeu que, o quanto antes, levaria Jean-Pierre para ela ver.

Antoinette tentou, de todas as formas, descobrir quem era a mãe do filho de seu marido. Ofereceu joias e bens, mas foi em vão. Ninguém poderia lhe revelar.

Natalie guardou o segredo com a vida. Nem para seu marido contou.

Com o tempo, Antoinette precisou me ostentar como filho, exibindo-me à sociedade. Por ser um garoto bonito, que chamava muito a atenção, ela começou a simpatizar comigo. Passou a separar a traição do marido da minha imagem. Começou a gostar de mim, deixando de lado os pensamentos tenebrosos de acabar com a minha vida.

Mesmo assim, era fria e não me tratava como uma mãe trata um filho. Apenas era simpática e me desejava o bem.

Natalie, minha ama, não se descuidava de mim e isso deixava Antoinette tranquila, ganhando sua total confiança.

Resultava que, por diversas vezes, quando saía comigo para tomar sol, minha ama me levava até minha mãe que me amamentava, brincava comigo, via como eu crescia e chorava arrependida pelo que tinha feito. Mas seria difícil voltar atrás.

Com o passar dos dias, Madame Louise teve uma surpresa. Recebeu uma carta de sua irmã, Amélie, dizendo que seu marido havia morrido. Ela estava grávida, sozinha e desesperada. Não sabia o que fazer e, por isso decidiu voltar para a casa que foi de seus pais, onde minha mãe morava.

Louise não achou conveniente, afinal, sua irmã estava grávida. Uma viagem longa, de outra cidade, que poderia durar dias em uma carruagem devido às intempéries, seria complicada.

Apesar disso, não havia nada que pudesse fazer. Na carta, Amélie estava decidida e, muito provavelmente, por ela já ter recebido a correspondência, a irmã já deveria estar a caminho. Poderiam se desencontrar, caso fosse até ela.

Não demorou muito e a irmã chegou. Triste, deprimida, exausta. Ficou deitada por dias, chorando a morte de seu esposo. Pareceu definhar a olhos vistos.

Com o passar dos dias, Amélie entrou em trabalho de parto. Um parto difícil. Madame Louise chamou a melhor parteira da região. Depois de horas, Charlote nasceu.

Amélie viu a filha por alguns momentos e fechou os olhos. Havia perdido muito sangue e, fraca, não resistiu. Faleceu.

Madame Louise, diante do susto, não teve alternativa senão a de cuidar da sobrinha.

Por sorte, tinha leite e a amamentou. Foi dessa forma que cuidou de Charlote como se fosse sua filha, ao mesmo tempo em que recebia minhas visitas quando Natalie me levava até ela e também me amamentava.

Ainda pequeno, eu e Charlote nos encontramos. Mas quando Madame Louise percebeu que eu poderia contar alguma coisa, que a estava visitando e poderia falar sobre ela ou de alguma amiguinha, as visitas diminuíram até acabar.

Afastada do filho, Madame Louise entrou em desespero. As notícias que sua amiga trazia não eram suficientes para matar sua saudade e aliviar o coração. Natalie não poderia visitá-la com tanta frequência. Eu já estava esperto o suficiente e poderia, a qualquer momento, falar que fazíamos visitas a uma pessoa.

O desespero de Madame Louise fez com que ela enfrentasse Marsily Oliver. Ela o procurou e o ameaçou:

— Se não me contratar, o quanto antes, como preceptora de Jean-Pierre, eu vou contar tudo para todos. Não me importo com as consequências. Quero que cumpra, pelo menos uma vez na vida, sua promessa e me leve para perto do meu filho.

Amedrontado com a ameaça, Marsily Oliver convenceu sua esposa:

— Madame Louise, a melhor preceptora da região. Eu a contratei para que comece a ensinar nosso filho. Vai ser melhor para ele e para nós.

— Mas ele não é muito pequeno para isso? — Antoinette perguntou.

— Não creio. Em minhas últimas viagens para Paris, encontrei com o Cônsul Dortiê e ele me disse que seu filho, de menor idade que o nosso, já tem professores. O quanto antes ensinarmos aos filhos vocabulários, outros idiomas e bons modos, melhor. Pestalozzi já considerou isso. Não sabe?

Antoinette aceitou de imediato. Sempre se preocupava com seu status e, agora, não seria diferente. Seu filho também deveria ostentar. Como iria aparecer na Capital, Paris, ver os filhos dos outros sendo educados em casa e o seu não?

Dessa forma, Madame Louise foi contratada.

No primeiro dia, Antoinette a recebeu e a examinou de cima a baixo com um olhar investigativo. Madame Louise fez o mesmo. Não se rebaixou. Afinal, suas referências eram as melhores e não poderia se diminuir diante de ninguém.

Antoinette não se preocupou. Até achou importante seu filho receber instruções de alguém com postura. Ela achava Natalie muito simplória.

— Como vai, Madame Louise?

— Muito bem, Madame Antoinette.

— Já esteve com os cuidados de crianças antes, não é mesmo?

— Sim, madame. Tenho vasto currículo para apresentar. Estudei o curso Normal, em Paris, na Escola para Moças. Além disso, fiz curso especializado em Língua Francesa e idiomas estrangeiros. Além de francês, falo inglês, italiano e latim. Um pouco de espanhol.

— Inglês! — fez um ar de desdém. — Ingleses não prestam! Sabe disso? — Não gostou, pois as implicâncias entre França e Inglaterra eram imensas, nessa época.

— Sim, madame. Concordo. Mas educação nada tem a ver com política. Outros países falam esse idioma e seu filho, por questão de viagens, pode precisar dominar o idioma para não ser diminuído.

— Isso é verdade. Uma linguista fará bem ao meu filho. — Pensou e perguntou: — É casada? Tem filhos?

— Solteira, madame. Sem filhos.

Novamente a contratante a olhou de cima a baixo, como se questionasse sua idade e sua beleza, além de uma imponência nata.

— Não tem ninguém e por isso pode morar aqui, não é mesmo?

— Na verdade, não, madame. Estudei interna por anos. Quando voltei, meus pais viajaram para a América, mas o navio afundou e eles nunca foram encontrados. Por isso, tenho uma casa no vilarejo. Tenho um irmão, que também foi para a América e vive lá. Não tenho mais notícias dele. Minha irmã, casada, ficou viúva. Estava grávida e teve uma menina. Só que minha irmã faleceu no parto. Eu tomo conta de minha sobrinha, como se fosse minha filha. Então, não sou sozinha. Posso vir com meu próprio coche todos os dias. Para que saiba, tenho meus próprios cavalos. Distância não é problema e não vou ficar sem transporte. Só preciso de lugar e de alguém, aqui, para cuidar dos animais e alimentá-lo, enquanto estiver lecionando.

— Então não pode dormir aqui?

— Não — foi firme.

— É pena... Pensei em dispensar os serviços de Natalie e sua família. Ela é a pajem do meu filho. Vai conhecê-la. Vejo que se expressa bem e tem pose. É asseada. Bem vestida. Sabe se portar e parece boa pessoa. Acredito que não teremos problemas. Só espero que não se atrase por problemas pessoais.

— Garanto que não vou me atrasar, madame. O demais agradeço e vou tomar como elogio.

— Meu filho ficará aos seus cuidados. Tomará o desjejum servido por Ana. Ele também precisa de bons modos. Se estudou em escolas Para Moças, em Paris, sabe o que estou falando. Natalie não tem educação ou firmeza para ensiná-lo.

— Embora isso vá além do meu contrato, pois vim para ensinar-lhe vocabulário e idiomas, não vejo problema em eu educá-lo também. Tenho competência para fazer isso.

— Só por curiosidade... E sua sobrinha? Quem cuidará dela?

— Tem uma senhora que já cuida dela enquanto leciono. Ela continuará fazendo isso. Não haverá problemas.

— Está certo. Comece amanhã de manhã. O mais cedo possível. Terá folga uma vez por semana e não vai trabalhar em outro lugar. Quero que cuide, exclusivamente, do meu filho. Acertará o pagamento com meu marido. Ele é generoso com salários. Ah!... Avise ao marido de Natalie para dar todos os cuidados que seu animal precisar. Afinal, será necessário ter um cavalo saudável e bem-alimentado para trazê-la para cá todos os dias.

— Obrigada, madame.

Essa foi a conversa mais longa que madame Louise teve com Antoinette. Falavam-se depois com raridade.

O tempo foi passando. Madame Louise cuidava da minha educação como ninguém. Além disso, era carinhosa, contava estórias e até me fazia dormir.

Enquanto era pequeno, pegava-me no colo, beijava-me e me abraçava. À medida que fui crescendo, isso foi diminuindo. Seria estranho ela fazer isso, pois não passava de uma professora.

Madame Louise se dividia entre os cuidados com Charlote e seu trabalho no *chateau*, mas com a ajuda de Victoriane e até de Natalie, conseguia dar conta de tudo.

Ela viveu em segredo, cuidando de mim como seu filho, sem que ninguém percebesse.

Chorava às escondidas por não poder expressar seu amor, mas agradecia a Deus por me ter perto, por eu estar bem, saudável, com uma família de verdade. Isso era importante na época. Eu cresceria com muitos privilégios, bem diferente se estivesse ao seu lado. Ainda mais por ela ter de cuidar de duas crianças, sua sobrinha e seu filho, seria bem difícil.

A senhora Victoriane era viúva. Seus dois filhos, já bem crescidos, tinham se cansado da vida no campo e partiram para a Capital em busca de algo promissor.

Sozinha, ela se apegou à Madame Louise e a ajudava muito. Fora isso, vivia jogando indiretas de que Odélio, um jovem viúvo e seu vizinho, seria um ótimo partido.

Madame Louise achava graça pelo fato da senhora amiga tentar ser casamenteira. Dizia que não queria ninguém em sua vida. Viveria para lecionar e cuidar de sua sobrinha.

Mas, quando o senhor Odélio ia até sua casa prestar algum tipo de serviço pesado, a senhora Victoriane não perdia a oportunidade de lhe atiçar para um romance que seria oportuno, afinal, percebia-se que o senhor Odélio se interessava por ela.

Educado, sempre aceitava o chá oferecido, às vezes, com biscoito ou bolo. Afinal, ele não cobrava pelos serviços, dizia que os fazia com prazer. E ela, de alguma forma, gostaria de retribuir com generosidade. Conversavam sempre sobre assuntos locais, mas não passava disso. Eram grandes amigos.

Por querer além de sua fortuna, Marsily Oliver casou-se com Antoinette, herdando e administrando todos os bens da esposa. Como prometido, na espiritualidade, ele disse que cuidaria de mim e fez de tudo para me assumir como seu filho, só que, para isso, Antoinette, mesmo que forçosamente, teve de ser minha mãe. E eu fui morar no *chateau*. Agora tinha: estabilidade financeira, nome e uma família, como sempre quis.

Minha mãe, Louise, cumpriu o que me prometeu no planejamento reencarnatório. Eu queria ter dinheiro, educação, família e muito conforto, acreditando que isso me auxiliaria, pois poderia servir e fazer o bem, divulgar a Doutrina que surgia...

Apesar da dor, ela cumpriu sua promessa. Bastava saber o que eu iria fazer com tudo o que me foi dado.

E foi assim que minha vida começou. Só resta ver como tudo vai ficar.

Cabe, aqui, aquela passagem do Evangelho em que o Mestre Jesus pergunta: "O que fez com seus talentos?"

Pois é. Dinheiro não é garantia de se cumprir bem o prometido ou de ser uma pessoa melhor e feliz.

O que nos faz feliz é amor a nós e aos outros. É compreendermos que, na vida, o melhor é ser bom, justo e honesto.

CAPÍTULO 14
As irmãs Lamartines

Assim que retornei daquela cavalgada onde salvei a vida de uma donzela, levei-a para casa e ainda tomei chá com minha adorável professora de muitos anos, fui levando bronca pelo atraso.

Minha mãe, Antoinette, estava furiosa. Pensei que não teria notado minha falta, mas, por interesses próprios, percebeu sim.

— Onde estava até agora? Não sabe que vamos receber convidados de seu interesse?!

— Meu interesse?! Ora, minha mãe! Por favor...

— Não me vire as costas, Jean-Pierre! — Fui educado, não por ela, mas por Madame Louise, por isso voltei-me atencioso e esperei que falasse: — Jean-Pierre! Sabe que hoje receberemos convidados importantes para o jantar. Famílias exemplares! Uma delas, o casal Lamartine de Avignon trará suas duas filhas. Uma delas deve servir para seus interesses e espero que não nos decepcione! Eu e seu pai queremos vê-lo bem casado e sem desperdícios de nossos bens. Essas moças têm excelentes dotes e...

— Mãe!... Vamos parar com essa coisa de dotes, por favor. E o amor? Onde fica o amor?

— Amor é ilusão, desgasta e acaba. Amor não resiste a nada. A emoção da aventura nunca volta. Você tem de pensar no seu futuro, no que tem pela frente.

— E se eu já estiver me apaixonado por alguém?

— Jean-Pierre, respeite a mim e ao seu pai! Não nos envergonhe! Convidamos os Lamartines de Avignon para apresentarem suas filhas. Terá de escolher uma delas! Passei o dia nos preparativos dessa recepção! Desde as primeiras horas da manhã estou... — ela não parava de falar. A lista de seus afazeres estava mais do que completa e decorada.

Fiquei contrariado. Não conseguia tirar Charlote dos pensamentos e minha mãe falando para eu escolher uma entre duas moças que eu nunca tinha visto na vida. Era um absurdo!

Por isso, decidi interrompê-la:

— Se me quer ainda mais atrasado para o jantar, continue falando e não vou me aprontar.

— Então... O que está esperando?! Vá se aprontar! Está sujo e cheirando a cavalo!

— Com licença, minha mãe — fiz uma reverência e me retirei. Naquele momento veio à mente as considerações de gentileza ensinadas por Madame Louise. Se não fosse isso, viraria as costas e a largaria falando sozinha. Talvez, até falasse algum desaforo só para vê-la contrariada. Mas decidi praticar o que aprendi.

Subi para meus aposentos.

No quarto de banho, a banheira já estava cheia e preparada para eu me banhar. Coisa rara na França! Principalmente, naquele tempo.

Quando acabava de me aprontar, Nícolas chegou ao meu quarto. Pulou na cama sentando-se na beirada e falou:

— Antes de subir, já recebi instruções de sua mãe: devo ficar todo tempo com você. Ao término do jantar, deveremos ir ao jardim passear com as moças. Haverá empregados a postos no jardim, feito guardas imperiais, para os pais das jovens se sentirem tranquilos. As tochas, já acessas, fazem o jardim parecer dia! — ele riu. — Você deve ficar ao lado e conversar com aquela que mais lhe convier. Eu ficarei com a outra e, no momento oportuno, devo me afastar um pouco para que fique mais à vontade com sua preferida e eu terei o prazer de entreter a que dispensar.

— Como assim?! Do que está falando? Minha mãe enlouqueceu? Após o jantar, devemos ir para a sala de conversar, ficar com os homens! Sempre foi assim!

— Não, nesse jantar, meu caro. Sua mãe orientou que, uma dessas famílias que vem aqui hoje, traz duas moças. Uma de dezessete e outra de dezenove anos. Você deve escolher uma delas para se casar. Esqueci os nomes. Perdoe-me — riu novamente.

— É um absurdo! Parece que somos mercadorias vendidas a peso de ouro! Não vou concordar com isso! Os tempos são outros! Não posso me sujeitar! — protestei.

— Não é bem assim, caro Jean-Pierre. Fiquei sabendo que essa família são pessoas boas. As moças são educadas, inteligentes e bem simpáticas.
— Como sabe de tudo isso, se nem eu sei?
— Nós, serviçais, sabemos de muita coisa que acontece. Há dias, sua mãe não para de falar para a minha todos os planos para esse jantar.
— E como são essas moças? Bonitas? Feias?...
— Parece que as irmãs Lamartines são bem bonitas. Elegantes e educadas. Estudadas também. Há cerca de três anos estudam em Paris.
— Avignon é longe demais de Paris. Vivem lá?
— Parece que sim, ou, pelo menos, a maior parte do ano. Os pais são ricos. Eles têm uma residência bem nobre em Paris. Trabalham com pedras preciosas e Avignon é conveniente. Facilita os transportes e os negócios terem propriedades em Avignon, Paris e sabe-se lá mais onde.
— Acho que é deles que meu pai compra as joias para adular minha mãe para ela não reclamar de suas safadezas.
— Não diga isso. Não pode provar, Jean.
— Pouco me importa. O que interessa é decidir, sozinho, meu destino.
— Parece que ficou irritado.
— Lógico que fiquei! — afirmei irritado.
— Mas, por que se exacerbou somente hoje, se esse jantar está marcado há semanas?
— Porque... Não sei dizer.
— Acaso é por causa da donzela que salvou hoje? — Nícolas perguntou calmamente, mas aquela indagação me incomodou.
— Por acaso está interessado na moça?! — virei e o encarei.
— Não. Fique tranquilo. Não estou.
— Não mesmo? Pareceu-me que Charlote estava interessada em você! — afirmei e continuei olhando-o para ver se percebia alguma expressão que denunciasse o contrário de sua afirmação.
Nícolas sorriu de modo descontraído e não percebi nada diferente. De modo indiferente, afirmou de novo:

— Não estou interessado nela. Mas vejo que você sim.
— Charlote mexeu com meus sentimentos. Não sei a razão. Acho que foi a primeira vez que a vi e... Não tenho certeza. Tenho uma vaga lembrança...
— Minha mãe foi, muitas vezes, até a casa de madame Louise. Como sabe, são muito amigas. Talvez, ela o tenha levado até lá alguma vez e, por isso ficou com essa vaga lembrança.
— Mas por qual razão não a tiro da cabeça?
— É uma jovem diferente das que conheceu em Paris. Diferente da moças fáceis, das mimadas e dependentes, das inseguras e insensíveis... Ela é diferente.
— Sabe se Charlote tem algum compromisso?
— Assim que chegamos, minha mãe veio perguntar onde estivemos, pois Madame Antoinette foi, várias vezes, à minha procura para saber de você. Então contei o que aconteceu e que estivemos na casa de Madame Louise. Minha mãe ficou surpresa. Depois achou bom. Disse que sua preceptora reclamou várias vezes de saudade. Falei sobre Charlote e de nem lembrar direito dela. Minha mãe contou que, por esses dias, soube que Charlote está comprometida com René, um jovem de Paris que acabou de se formar médico.
— Comprometida?! Médico?!
— Sim. Eles se conheceram enquanto estudavam na capital — Nícolas afirmou.
Não consegui disfarçar minha decepção. Pensei não haver concorrente.
— Isso é certo?
— Minha mãe disse que sim. — Depois de uma pausa, Nícolas lembrou: — Está atrasado. É deselegante chegar após seus convidados e sua mãe deve estar inquieta. Melhor descermos. — Levantou-se e saiu do quarto.
Fiquei pensativo por alguns minutos. Como poderia ter me apaixonado por alguém que vi por uma única vez, que eu me lembre?
E, a contragosto, terminei de me arrumar e desci para confirmar os boatos trazidos por meu amigo, sobre as moças que iria conhecer.

❉

Quando desci as escadas para o salão principal, meus pais já aguardavam. Nícolas estava ao lado e um pouco atrás deles.

Meus pais sorriram ao me verem todo arrumado e garboso, como diriam naquela época.

Olhei-os e sorri, disfarçando minha amargura sobre a notícia do compromisso de Charlote.

Não demorou e os convidados começaram a chegar. Logo, os Lamartines de Avignon foram anunciados.

Ao olhá-los, reparei, de imediato, nas duas jovens. Não tinha como não fazê-lo. Eram lindas. Sorridentes e educadas. Nenhuma petulância por serem tão abastados.

Vestidos longos, rodados como os de baile. Cabelos bem arrumados e em cachos que ficavam se movimentando com graça. Achei bonito.

Seus olhos brilharam e, por longo tempo, acabei me esquecendo de Charlote.

Fomos apresentados.

Durante o jantar, fiquei frente à Emmanuelle e Nícolas, ao meu lado, sentou-se de frente para Eloíse, a mais jovem das irmãs.

Os músicos tocavam sinfonias suaves durante o jantar, em outro cômodo, para que o som não fosse alto e pudéssemos conversar sem incômodo.

Mesmo havendo outros casais à mesa, tudo era descontraído. Por isso, eu e Emmanuelle começamos a conversar. Perguntei onde morava, como se eu não soubesse, e o que estudava.

Ao término do jantar, as mulheres se reuniram na sala íntima e os homens na biblioteca.

Os jovens, dois ou três filhos de outros casais presentes, saíram para o jardim, que já estava preparado para nosso passeio noturno.

Tochas clareavam o lugar e empregados a postos, como guardas imperiais, igual ao que Nícolas falou, deixavam-nos seguros.

Ofereci o braço para que Emmanuelle enlaçasse e ela aceitou.

Nícolas fez o mesmo com Eloíse.

A principio ficamos os quatro juntos. Conversamos bastante, contando sobre nossa universidade e alguns acontecimentos que as fizeram rir. Faltavam poucos meses para terminar nosso curso e não víamos o momento de nos vermos livres dos estudos.

Depois o assunto mudou. Interessei-me em saber o que Emmanuelle fazia, pois sabia que os estudos de moças, naquele tempo, muitas vezes, tinham duração menor.

Ela contou que estava preparada para lecionar. Embora seus pais não quisessem, ela desejava lecionar. Não gostaria de uma vida monótona e inútil. Desejava ser produtiva. Pensava em continuar vivendo em Paris e ser atuante.

Fiquei admirado, pois eram ricas e seus pais buscavam pretendentes à altura.

Não demorou e Emmanuelle contou sobre suas viagens à Espanha, à Suíça e outros países da Europa.

Também fiquei surpreso e até com inveja, pois eu nunca tinha saído da França. Por isso não me manifestei. Fiquei envergonhado. Orgulhoso como era, dizer que não havia viajado para fora do país, seria um insulto à minha pessoa. Ainda mais um homem com as posses que eu tinha ou herdaria.

Interrompendo meus pensamentos, a bela jovem começou a dizer que estava estudando uma nova filosofia.

Fiquei interessado e ela contou:

— É uma nova Doutrina que está dominando Paris e toda a França, chegando também a outros países. Não a conhece?

— Não.

— Foi codificada por Hippolyte Leon Denizard Rivail — nome verdadeiro de Allan Kardec —, pedagogo, professor, gramático, tradutor, linguista, filósofo, educador... Discípulo de Pestalozzi, o Senhor Rivail codificou, sistematizou e programou tudo o que temos na Doutrina Espírita.

— Doutrina Espírita? O que é isso? — fiquei interessado. Lembrava-me vagamente de ter ouvido falar.

— É uma doutrina de cunho filosófico e científico que nos leva a religar a Deus, religiosidade e sua principal crença é sobre a constante evolução espiritual do ser humano através da reencarnação — Emmanuelle explicou de modo fácil e prático. — Requer tempo, dedicação e estudo para se aprofundar em questões como: por que estou aqui? Para onde vou? Por que sofro? Como alcançar a felicidade verdadeira? Encontramos entendimento para sofrimentos, causas atuais das aflições, por que um nasce cedo e outro não? Por que um morre tão jovem e outro não? Nada melhor do que a reencarnação para explicar isso.

Por ser totalmente ignorante, quis saber:

— Reencarnação?...

— Reencarnação é a crença na oportunidade de nascer várias vezes. Uma parte do ser, espírito ou alma, sobrevive após a morte. Esse espírito ou alma, no plano espiritual, tendo o registro de suas experiências e, percebendo-se imperfeito, vê-se insatisfeito e procura o autoaperfeiçoamento e a evolução. Para isso, busca reencarnar, ou seja, nascer de novo, quantas vezes forem necessárias. Com a evolução e o aperfeiçoamento, o espírito torna-se puro e verdadeiramente feliz, pois, como já disse Jesus, a felicidade não é deste mundo. Essa crença sobre reencarnação é remota demais. Vem dos antigos egípcios. Platão e Pitágoras também a defendiam. É muito conhecida na Ásia. A reencarnação explica que Deus não é injusto e que temos o que merecemos por consequência de nossas escolhas e de tudo o que praticamos. Não sofremos por castigo, mas por nossas imperfeições e mazelas da alma.

— Interessante. Ouvi alguns amigos da universidade falarem sobre o assunto, mas não me interessei. Virou modinha essas tais "mesas girantes" e o charlatanismo é diversão para os fracos.

— Não se trata de charlatanismo. Lógico que existem os embusteiros, enganadores da fé em todos os lugares, mas a Doutrina Espírita não se ocupa disso. O pedagogo e educador, Senhor Hippolyte Leon Denizard Rivail, também conhecido como Allan Kardec, a principio, achou que não passava de brincadeira para desocupados, mas depois decidiu prestar atenção. Após dedicar-se a estudo científico sobre magnetismo e investigar as chamadas "mesas girantes", que eram eventos onde ocorriam o movimento anormal de objetos sobre as mesas sem qualquer tipo de interferência humana, começou a estudar assuntos a respeito da desmaterialização dos corpos e do percurso do espírito humano.

— E quanto a Jesus? O que diz a Bíblia não é real? — quis saber, exibindo mais ignorância ainda.

— Quando estudamos com atenção, percebemos que Jesus fala de reencarnação no Evangelho que a Bíblia traz. Quando Jesus se encontra com João Batista e Elias, que já estão mortos, não é nada mais nada menos do que mediunidade. Jesus está falando com os mortos e os discípulos que o acompanhavam assistiram a tudo. Quando Jesus diz a Nicodemos que é preciso nascer de novo, o Mestre também está falando de reencarnação. Existem muitas passagens bíblicas em que encontramos falas sobre mediunidade e reencarnação.

— O que é mediunidade? — tornei curioso.

— É uma capacidade que temos, ou melhor, é uma faculdade inerente, ou seja, que temos naturalmente em maior ou menor grau. Um dom. É a capacidade que temos além dos cinco sentidos humanos.

— Além dos cinco sentidos humanos... — repeti e fiquei pensativo.

— Sim. O olfato, o paladar, a audição, a visão e o tato. Esses são os cinco sentidos humanos. — Eu sabia, mas deixei que falasse. — A mediunidade é uma faculdade. Ela pode se manifestar de várias formas em maior ou menor grau. É através dela que ouvimos ou vemos espíritos. Podemos trazer mensagens dos mortos, que estão em sintonia com o nosso nível espiritual. Você adoraria conhecer. Tenho certeza. Para saber mais, estudamos a Doutrina Espírita. Em seus livros, o Senhor Allan Kardec traz muito conhecimento e alertas respeitáveis. Não há como, em uma simples conversa, eu explicar toda a maravilha dessa Codificação. A Doutrina Espírita acredita que Jesus Cristo é um espírito de primeira ordem, ou seja, um espírito superior. Ele teve a missão de ajudar a guiar a humanidade, com amor, rumo à perfeição. Os ensinamentos de Jesus são demasiadamente utilizados pelo Espiritismo, apesar de a igreja católica ainda não aceitar essa filosofia.

— Mas com a liberdade trazida pelo Iluminismo, o poder da igreja e as exigências da Sé — Cidade do Vaticano —, não valem nada.

— Você é que pensa! — tornou ela animada. — Diz isso porque não sabe o que aconteceu. O Senhor Maurice Lachâtre, um editor francês, que morava em Barcelona, dono de uma livraria, solicitou ao Senhor Allan Kardec, seu compatriota, em Paris, uma parte dos livros de estudo sobre a Doutrina Espírita publicados por ele. Queria vendê-los na Espanha. Quando o carregamento de trezentos livros espíritas chegou ao país, a alfândega apreendeu o lote por ordem do Bispo Antônio Palau Termes, de Barcelona, alegando que a igreja católica era universal e os livros eram contrários a fé católica. O governo espanhol não poderia permitir que essas obras pudessem perverter a moral e a religião. O religioso não devolveu as obras e as condenou à destruição pelo fogo. No dia 09 de outubro de 1861, na esplanada de Barcelona, os livros espíritas foram queimados. O Senhor Allan Kardec chamou o ato de *Auto de Fé de Barcelona*, para designar a atrocidade, o resto da Inquisição que ainda vivemos — falou como se protestasse.

— Providências não foram tomadas? Afinal...

— Não. O Senhor Allan Kardec recebeu orientações dos espíritos para não fazer nada. Aquele ato chamaria a atenção para seu trabalho, pois o mundo iria se interessar sobre o que havia naqueles livros.

Emmanuelle falou muito sobre o que aprendia naquela doutrina e das reuniões que frequentava.

Mostrou-se uma moça muito culta e interessante. Não era frívola como outras jovens que conheci. Seu jeito de falar e conduzir a conversa gerava curiosidade sobre o assunto. Comecei a gostar dela.

Será que seria possível entender as causas dos sofrimentos atuais pelas vidas passadas? Andando nas ruas da capital francesa, víamos pobres, mendigos, aleijados, cegos, dementes e pessoas com muitas limitações e dificuldades. Sabíamos de assassinatos, duelos, mortes prematuras que arrasavam famílias. Qual seria a explicação para tudo isso? O Espiritismo teria essas explicações?

Sim, teria e eu estava prestes a descobrir. E qualquer um pode descobrir também.

Meus pais eram religiosos. Colaboravam muito com a igreja através de doações e colaborações generosas para obras sociais. O catolicismo não me trazia respostas para essas questões.

Frequentávamos a igreja, mas as missas rezadas em latim não me atraíam e os sermões eram desestimulantes.

O tempo foi passando. Nem havia percebido que Nícolas e Eloíse haviam se afastado um pouco de nós e conversavam sobre assuntos semelhantes.

Pela primeira vez, percebi meu amigo muito interessado em uma garota. Nesse momento, acreditei, verdadeiramente, que ele não se atraiu por Charlote.

Quando percebi que estava demasiadamente tarde, apesar de apreciar muito o assunto, fiz-me entender que havia chegado o momento de nos recolhermos para o interior da casa.

Ofereci novamente meu braço para Emmanuelle e nos aproximamos de Nícolas e Eloíse e entramos.

Ao retornarmos, minha mãe Antoinette estava na sala de música dedilhando seu piano. Adorava tocar composições de Robert Schumann. "Os sons estão além das palavras", ela repetia, inúmeras vezes, a frase do famoso pianista alemão.

Os homens, fumando charutos, cuja fumaça amargava o ar, fingiam-se interessados.

Ficamos um pouco mais ali e os músicos foram chamados para tocarem novamente melodias mais atuais, para a época.

Já era tarde quando precisamos nos recolher.

Fiz questão de acompanhar os Lamartines de Avignon até seus aposentos e Nícolas foi junto. Lógico que seus pais seguiram-nos, bem atrás. Vigiavam cada passo.

Parei frente à porta e, antes de me despedir, agradeci a boa companhia, a conversa e convidei a filha mais velha para uma cavalgada.

Emmanuelle sorriu e aceitou, desde que Eloíse nos acompanhasse. Dessa forma, também convidei meu melhor amigo e tudo ficou acertado.

Beijei-lhe a mão. Ela fez uma reverência e entrou no quarto. Em seguida, cumprimentei a irmã e a mãe. Por último, o patriarca da família, que me estapeou o ombro e sorriu em sinal de aprovação de meus modos. Embora ele tenha cumprimentado Nícolas, não foi com o mesmo prazer.

Voltei e percebi que meus pais já haviam acomodado os demais convidados.

Nosso *chateau* era longe da cidade e os visitantes sempre eram acomodados ali. Viagens em carruagens, principalmente à noite, não eram recomendadas. Além de cansativas, poderiam ter problemas com saqueadores.

Conversei um pouco com minha mãe. Ela estava satisfeita com meu comportamento, assim como meu pai.

Ficou claro que eu havia escolhido uma das jovens. E, de fato, fiquei encantado por Emmanuelle.

Nícolas me acompanhava em tudo. E, após me despedir dos meus pais, fomos para meu quarto. Meu amigo dormiria ali, como fazia em dias de festa e jantares em que tudo terminava tarde.

Realmente, ele havia se encantado pela Eloíse. Estava radiante.

Conversamos sobre as moças até ele pegar no sono. Fiquei ainda pensando no que havia acontecido.

Realmente, aquele dia tinha sido de muitos acontecimentos e emoções.

Voltei a pensar em Charlote, embora tenha me agradado ficar com Emmanuelle.

Aquilo era estranho. Como poderia alguém gostar de duas pessoas?

CAPÍTULO 15
Outra vida com Charlote

Na visita do dia anterior, na casa de minha antiga preceptora Madame Louise, que eu ignorava ser minha mãe verdadeira, não me falaram que Charlote, que era minha prima, estava comprometida. Muito menos disseram que René, o rapaz com quem era compromissada, chegaria naquela manhã.

Madame Louise estava muito feliz e satisfeita por conhecer René, um estudante de medicina no final de seu curso, que havia se enamorado por Charlote enquanto ela terminava seu curso em Paris.

Victoriane, a senhora que tomou conta de Charlote quando pequena para que Louise pudesse trabalhar, ficou animada. Ajudou nos preparativos para a recepção do rapaz e não parava de dar conselhos à jovem.

Até o senhor Odélio, apresentado como amigo da família, foi convidado para o almoço.

No final da tarde, a pedido de Charlote, o senhor selou dois cavalos e os jovens saíram para passear pelo bosque da região, mesmo a contragosto de Louise.

No mesmo horário, eu, Emmanuelle, Nícolas e Eloíse também fizemos o mesmo.

Selados os animais, saímos para um passeio.

Perto do precipício, onde a vista é incrível, apeamos dos cavalos e ficamos por algum tempo sentados conversando.

Reparei nos modos suaves de Emmanuelle e fiquei encantado por ela.

Falou-me novamente sobre a nova doutrina que estudava e fiquei mais interessado ainda.

Por sua vez, Nícolas parecia se entender muito bem com Eloíse, que se demonstrava uma jovem muito madura, além de educada e esperta.

O sol quase caia no horizonte e decidimos que era hora de voltar. Não gostaríamos de pegar a estrada no escuro.

Ajudamos as moças a subirem nos cavalos e fizemos o mesmo.

Cavalgávamos lentamente pela estrada quando, de surpresa, encontramos Charlote na companhia de um rapaz.

Ambos, também cavalgando bem devagar, pararam ao nos ver.

Ela sorriu e nos apresentou:

— Esses são meus salvadores! O Senhor Nícolas e o Senhor Jean-Pierre.

Fizemos reverência e ela também nos apresentou:

— Esse é René, meu noivo.

Aquilo fez meu sangue ferver. Foi difícil disfarçar.

Apertamos as mãos sem nem mesmo descer dos cavalos. Ele, educado, cumprimentou as moças ao tirar o chapéu.

Muitas coisas passaram pelos meus pensamentos. Fiquei indignado.

Como poderiam estar ali sozinhos? Ela era uma jovem de respeito! Uma moça de família! Foi criada por Madame Louise! Como ela deixou a sobrinha sair com um desconhecido?

Nada me importava. Mal ouvi René agradecer por termos salvado a vida de Charlote.

Em seguida, René contou alguma coisa que fez todas as jovens rirem e isso me chamou à realidade. Sorri com simplicidade. Nem sabia do quê.

A conversa seguiu e Charlote nos convidou para irmos até sua casa. Sua mãe e a Senhora Victoriane haviam preparado bolos e outras delícias e seríamos bem-vindos.

Recusei. Disse que já estávamos a tempo demais fora de casa e nossos pais estariam preocupados.

Mas, sem que esperasse, chamei-os para jantar. Afinal, tínhamos outros convidados e eles seriam bem-vindos. Pedi que convidasse Madame Louise também.

Charlote gostou e disse que levaria o recado para sua mãe, mas não confirmou presença.

Nós nos despedimos e fomos embora.

Acho que todos perceberam a alteração de meu humor devido a esse encontro.

Seguimos e fiquei em silêncio.

Quando chegamos, Emmanuelle perguntou o que havia acontecido. Sorri, disfarcei e disse que não houve nada.
Quando lhe beijei a mão, ela pareceu esquecer o fato.

Antes do jantar, fiquei ansioso. Não sabia dizer se Charlote e seu noivo estariam presentes. A essa altura não sabia dizer se havia feito bem tê-los chamado.
Nícolas notou meu jeito quieto e perguntou. A ele, disse a verdade:
— Não gostei de encontrar Charlote e o noivo. Senti algo muito estranho. Como se eu fosse traído.
— Você nem conhece a jovem direito, meu amigo. Além disso, pelo que entendi, ela já estava noiva quando a conhecemos e vocês nunca tiveram um compromisso. Como pode ser traído?
— Não sei explicar, Nícolas. É algo muito estranho.
— E quanto à Emmanuelle? O que me diz dessa moça?
— Ela é linda. Atraente. Tem muitas qualidades. Não é frívola. Tudo o que um homem deseja. Gostei muito dela.
— Então, por que não se concentra em Emmanuelle? Pense nas coisas que conversaram.
— Vou tentar.

Para minha surpresa, Charlote e René aceitaram meu convite, mas Madame Louise não. Minha mãe não apreciou em nada. Mas não me importei. Tínhamos outros convidados e eles adoraram ouvir a história do salvamento.
Após o jantar, ficamos conversando na sala íntima.
René ganhou a atenção total. Falante, não parava de contar sobre seu curso e seus planos.
Fiquei irritado e arrependido de tê-lo convidado. Até Emmanuelle deu-lhe muita atenção. Mais do que a mim.

Quando Charlote e René se foram, estava com Emmanuelle no jardim e ela quis saber o que havia acontecido comigo, pois perceberam que estava estranho.

Eu disse que não havia nada. Neguei novamente.

Ela sorriu e disse:

— Essa moça significa algo para você.

— De forma alguma. Eu a conheci ontem. Talvez, tenhamos nos visto quando criança, mas nem me lembro dela.

— Mas, talvez, a conheça de outros tempos. De outras vidas.

Aquilo ficou na minha cabeça.

Emmanuelle tinha ficado a tarde toda falando sobre a tal doutrina, seus fenômenos, sobre reencarnação, lei de causa e efeito e tantas outras coisas, em que passei a acreditar.

Somente isso explicaria aqueles sentimentos controladores e quase fanáticos por Charlote.

Eu a queria para mim. Mas gostava de Emmanuelle. Como explicar?

Se ao menos René não fosse um bom homem, se acaso não tivesse condições de dar a Charlote uma vida boa e digna, eu até poderia não gostar. Afinal, por ela ser filha da minha preceptora, poderia me sentir incomodado em desejar que Madame Louise não sofresse com as condições da filha.

Mas René portou-se como um verdadeiro cavalheiro.

Contou que seus pais aprovavam seu compromisso com Charlote e que Madame Louise estava se preparando para ir para Paris conhecer os pais dele. Iriam marcar a data do casamento.

Sofri calado ao saber de tudo isso. Ninguém imaginava o que sentia e disfarçava com um sorriso.

No meio disso tudo, não percebi a cara de assombro do meu pai devido à presença da filha de Madame Louise. Ele ficou inquieto. Ansioso. Quase não dava atenção aos convidados que ficariam ali por mais aquela noite.

Marsily Oliver, educadamente, fez muitas perguntas para a moça, mas não me dei conta disso. Passou despercebido.

Depois de todos irem dormir, eu me retirei para meu quarto e nem conversei com Nícolas. Na manhã seguinte, os convidados iriam embora e deveria levantar bem cedo.

Demorei a pegar no sono.

Dormindo, normalmente, nossa alma não fica no corpo. Saímos e nos atraímos para lugares e companhias com as quais nos afinamos e somos mais chegados. Também, às vezes, nossos mentores ou anjos de guarda nos orientam de modo mais enérgico, chamando nossa atenção para que evitemos tomar decisões erradas. Coisas das quais possamos nos arrepender, se formos inconsequentes, imediatistas e, principalmente, impulsivos.

Foi então que Lafaiete, meu mentor, junto com o mentor de Charlote, aproveitou o estado de sono do corpo para que nós nos reuníssemos a fim de nos explicar o que estava acontecendo e qual a melhor decisão que poderíamos tomar. Eles sabiam que, naquela reencarnação, tínhamos de trabalhar nossas falhas morais e reajustar débitos do passado, além de evoluir.

Lafaiete, como pai amoroso, chamou-me à razão, dizendo:

— Meu querido Jean-Pierre, precisa entender que o seu caminho é deixar livre aquilo que não precisa de seus cuidados.

— Não entendo, Lafaiete. É um sentimento estranho, acima do meu controle. É um ciúme, uma vontade de dominar... Fico contrariado quando encontro com René. Tenho um ciúme doentio de Charlote. Amo-a! Mas também fico em dúvida. Uma dúvida cruel que me castiga. Sinto-me atraído e também apaixonado por Emmanuelle. Uma doce jovem que vem trazer luz à minha vida, ao meu entendimento. Não sei o que fazer.

— Não faça nada, meu filho querido. À medida que Charlote tomar suas decisões e seguir a vida, você seguirá a sua.

— É verdade, Jean-Pierre. Não é o momento de ficarmos juntos. Você sabe por que — disse Charlote, também em desdobramento ou projeção astral como alguns chamam, disse-me.

— Não! Não sei por que. Não me lembro!

— Lembra-se sim, Jean-Pierre — Lafaiete afirmou e se aproximou de mim, passando-me imagens mentais de um passado ainda mais distante.

Vi, a mim e a Charlote, vivendo em época remota às margens de um vilarejo. Eu havia sido ferreiro e estava sem posses por conta da igreja que confiscou meus bens como pagamento de impostos quando fiquei doente e não tinha como pagá-los. Era a Inquisição Episcopal, por volta do ano de 1.200 da era cristã, seu foco era deter os movimentos populares na Europa considerados heresias para o cristianismo.

Todos sofriam muito. Era preciso pagar altos impostos para a Igreja manter seus exércitos, por isso meus bens foram confiscados. Na época, havia desposado uma linda jovem, que se tratava de Charlote.

Após eu perder tudo, minha mulher ficou inconformada com as necessidades pelas quais passamos. A fome era desesperadora. Vivíamos de restos, quando encontrávamos.

Ela foi convidada para trabalhos manuais para a coroa, mas recebia pouco ou nada.

Muito bonita, aceitou vender-se fisicamente em troca de mercadorias, comida ou moedas.

Eu, muito deprimido — embora essa palavra para esse estado físico não existia ainda —, fiquei abatido demais. Deitado e sem condições psicológicas, morais, físicas ou emocionais para lidar com o que sentia. Um medo pavoroso me assolava. Desejava morrer todos os dias e, não raramente, pensava em suicídio.

Era desesperador quando convocado para assistir às fogueiras santas e ver pessoas morrerem queimadas, aos gritos, em nome de uma fé de homens desequilibrados que diziam servir a Deus. Tínhamos de olhar aquilo sem manifestações. Se o fizéssemos, iríamos arder no fogo também.

Eu amava minha esposa. Fechava os olhos para o que fazia e nem perguntava de onde vinha o alimento, as mercadorias ou as moedas.

Jovem e bonita, Charlote vendia-se para homens do exército, da igreja ou qualquer nobre que pudesse pagar bem.

Guardava sigilo. Vivia escondida e tinha um marido para não ser difamada, pois prostituição e adultério eram crimes punidos com morte.

Nunca fui capaz de protestar para minha esposa e exigir o mínimo de respeito.

Minha dor era acalentada por sonhos que eu tinha, mas nunca contei para ninguém. Sonhava com um anjo. Uma mulher, na verdade. Ela me dizia para ter paciência. Pedia para ter fé. Eu já havia sido suicida em outra vida e precisava vencer aqueles desejo e aquele estado. Pelo menos, não deveria matar meu corpo novamente. Já havia passado muitos anos em estado desesperador, na espiritualidade, em desequilíbrio, loucura e dor indescritível pela interrupção da minha vida. Foi um estado pavoroso. Tive uma encarnação como deficiente por conta do suicídio e fui criado da pior forma. Agora, naquele período, pela bênção da reencarnação, eu vivia dificuldades, de várias formas, para vencer, superar o desejo do suicídio e evoluir.

Esse anjo com quem sonhava era você, mãe. Sempre zelando por mim, até quando não estava encarnada ao meu lado. Mãe é um amor eterno mesmo. Não tem jeito!

Com o tempo, a beleza de Charlote foi acabando e ela não era mais interessante. Foi então que surgiu René, oficial do exército, um dos homens com quem Charlote se comercializava. Ele teve a ideia de ela encontrar meninas, fossem crianças ou jovens, belas e perfeitas, raptá-las e entregar a ele, pois seriam usadas para fins sexuais. Vendidas ou trocadas por produtos elas renderiam muito.

Por ser mulher, seria mais fácil para Charlote se misturar as multidões em praças, feiras ou em qualquer lugar para atrair e roubar crianças, meninas ou jovens de seus pais, para entregar a René.

Dessa forma, minha esposa garantia benefícios próprios, dinheiro e segurança, uma vez que vivíamos em período inquisidor. Fiquei sabendo de todas as suas práticas, mas meu estado emocional não me deixava manifestar. Sabia que estava errado, mas não fazia nada. Tinha uma paixão, um bem-querer imenso por ela. Seria incapaz de fazer algo contra Charlote. Eu a amava. Tinha um ciúme louco, mas não conseguia sequer manifestá-lo devido à minha doença emocional.

Em sonho, aquele anjo pedia para que eu me afastasse de Charlote, já que não tinha como lutar contra aquela crueldade que ela praticava. Mas não fui capaz. Não reuni forças para isso. Eu a amava.

Via, em nossa casa, meninas presas até que René chegasse para buscá-las e levá-las. E não fiz nada. Sofria com isso, mas não reagia. O sofrimento era na alma. Uma dor absurda. Tinha um ódio imensurável por René. Desejava matá-lo. Mas não só isso. Eu desejava que sofresse. Gostaria de entregá-lo ao Tribunal da Inquisição, mas, se o fizesse, minha amada iria junto. Não havia alternativa.

Esse estado emocional prejudicou minha saúde. Na época, não havia tratamento. Nem se sabia o que era. Não havia o que fazer. Aqueles que manifestavam algum desequilíbrio ou loucura eram considerados endemoniados e levados para a fogueira. Nesse ponto, Charlote me protegia. Não deixava que eu saísse a público. Não contava que estava com anormalidades emocionais.

Aconteceu que minha esposa trouxe uma menina para casa. Deixou-a presa e foi buscar René. Quando retornaram, a garota havia fugido, com a minha ajuda, mas nunca contei.

René, inconformado, pois já tinha para quem vendê-la, começou a bater em Charlote.

Eu estava doente e acamado. Apesar disso, não suportei ver minha mulher apanhar.

Tentei lutar com René, muito mais forte do que eu. A luta era injusta. Caí várias vezes enquanto ele não parava de me bater.

Inesperadamente, Charlote o golpeou de forma fatal.

Escondemos o corpo e o enterramos na floresta durante a madrugada. Ninguém nunca soube. Fiquei orgulhoso de minha esposa ter me defendido. Mas não sabia que isso caberia reajustes em outras vidas.

Vivemos uma vida miserável, desde então, pois não tínhamos mais nada. Muito doente, desencarnei.

Recebido no plano espiritual por aquele anjo, minha mãe, fui confortado, acolhido e amparado. Apesar disso, minha consciência pesava por tudo o que não fiz para deter minha esposa.

Charlote sofreu muito, na espiritualidade, também por ter matado René e ter feito o que fez com aquelas meninas.

Buscou aprender e solicitou reencarnar como mãe de René para lhe dar a vida, já que a tinha tirado. Pensei em vir junto e ser pai dele, mas minha mãe me aconselhou que não, pois seria terrível ser pai de um inimigo, que ignorava ser seu irmão em Cristo. Reencarnaram e René, em certa idade, passou por violências sexuais traumatizantes para um rapaz. Ficou desequilibrado e doente. A única criatura que cuidou dele foi a mãe viúva, Charlote, que experimentava na pele o desespero das mães das crianças que ela mesma, em outra vida, fez sofrer.

Depois dessa vida, na espiritualidade, Charlote e René se acertaram, principalmente depois que ele desenvolveu amor por ela. Mas falta de perdão verdadeiro fica cravado no espírito quando a mágoa não é desfeita.

René ainda guardava mágoa de Charlote por ter-lhe tirado a vida. Apesar disso, decidiram reencarnar, novamente juntos, para se aproximarem e fazerem reajustes, desfazendo a mágoa, evoluindo e promovendo atos fraternos.

Reencarnamos de novo. Com o esquecimento do passado, eu e René éramos próximos. Quase amigos.

Eis que surge Charlote e ambos se enamoram. Eu era louco por ela. Não consegui me controlar. Então, por esse amor, decidi duelar com René para saber quem ficaria com Charlote.

René morreu nesse duelo e a jovem ficou jogada aos seus pés, chorando por seu amor.

Charlote não ficou comigo. Recusou-me de todas as formas.

René virou meu obsessor. Passou a me perseguir e me influenciar negativamente.

Eu estraguei a oportunidade daquela reencarnação. Coloquei tudo a perder. Vivi triste e amargo pelo que havia feito e também pela perseguição espiritual que sofria. Não aproveitei a encarnação para me aprimorar, vencer a dor. Joguei fora o dinheiro que tinha, pois não soube usá-lo para o bem. Não aceitei os conselhos de minha família nem de minha mãe. Não quis saber de ninguém. Entreguei-me à bebida e encurtei minha existência terrena com o maltrato do corpo.

Em seguida a essa, Charlote teve aquela reencarnação como Lana, a menina pela qual me apaixonei e que foi leiloada na casa de comércio sexual, onde fui criado na encarnação anterior a de Jean-Pierre.

Dessa forma, Charlote sofreu o que fez sofrer outras meninas.

Meu desespero e minha impossibilidade de ajudá-la fizeram-me ver que é necessário sempre auxiliar ao próximo, pois esse próximo é uma pessoa querida para alguém. Alguém zela por ele. Naquela vida, eu não tive ninguém, nem mãe nem parente, pois não dei importância ao amor que tive de minha família na outra encarnação. Duelei e matei um homem com a espada. Fui criado em uma casa de comércio sexual acompanhando, contrariado, tudo o que tinha ali. Morri com problemas nos pulmões, marcas espirituais deixadas pela espada que empunhei em um duelo contra meu oponente, matando-o ao perfurar seu coração e pulmão.

O equilíbrio com o qual tudo se encaixa é impressionante. Nada escapa à justiça de Deus. Não existem inocentes.

Nesse meio todo, eu e minha mãe nos encontramos, vivemos juntos e nos auxiliamos. Ela também viveu seus processos de aperfeiçoamento, encontrando-se e se distanciando do que era preciso ajustar. Também tinha Emmanuelle, alguém muito especial que encontrei nas jornadas evolutivas. Um ser mais elevado do que eu. Ela foi aquela menina que ajudei a fugir do comércio que René e Charlote faziam e por isso ficou muito grata e nos tornamos grandes amigos na espiritualidade e em outras vidas.

Ao longo dos caminhos existenciais, nós fazemos muitos amigos e inimigos também. Com os amigos, reforçamos laços. Com os inimigos, precisamos desfazê-los.

Nesse tempo todo, reparei uma coisa: a incrível habilidade de minha mãe em se dar bem com os outros. Mesmo sendo firme e justa, cativava as pessoas para o bem com muito amor. Com jeitinho, ela consegue o que precisa. Para ela, sempre foi muito fácil viver de bem com os que estão a sua volta. Tolerância, simplicidade, amor, sinceridade... Tudo isso ela ia desenvolvendo e aperfeiçoando em suas reencarnações. Por isso, sei que, na atual encarnação, a dona Marisa vai conseguir o que quer. Vai cumprir suas promessas. Vai do luto à luta para conseguir seus objetivos, pois Justiça é algo que minha mãe preserva desde há muitas encarnações.

Eu tinha bastante a reaver, evolutivamente. Algumas coisas pesavam em minha consciência.

Agora, deveria aceitar a nova chance. Controlar meus sentimentos e vê-los viver em harmonia ou da forma como desejavam.

Embora René ainda guardasse mágoa de Charlote por ela ter-lhe tirado a vida, aceitou, novamente, atrair-se por ela. Decidiram que, nessa encarnação, na França, os dois se reencontrariam, viveriam juntos, amando-se e se respeitando. Ele seria médico e se dedicaria a cuidar de crianças para equilibrar o passado. Ela o ajudaria. Conheceriam a nova Doutrina e auxiliariam a divulgá-la.

Com o conhecimento do Espiritismo, ele aprenderia a dissipar a mágoa que tinha de mim. Poderíamos criar laços de amizade e abandonar o passado.

Esse foi o planejamento reencarnatório que deveríamos cumprir.

Então, não era o momento de eu interferir ou separá-los. Não poderia. Iria estragar tudo de novo. Eu precisaria ser paciente, pois existem outras vidas. Somos seres eternos!

Eu tinha meus propósitos e meus planos para levar em frente. Emmanuelle, uma criatura maravilhosa, iria me ajudar.

Ao ter todas essas informações, foi como se o passado me fosse desvendado. Toda minha trajetória fez sentido.

Virei para meu mentor e perguntei:

— Não vou me lembrar disso tudo quando acordar, vou?

— Não. O esquecimento é uma bênção. Não conseguiríamos lidar com os erros do passado, se lembrássemos. Quando o amor verdadeiro está em nós e o praticamos, incondicionalmente, fazendo ao outro o que queremos que façam para nós, não precisamos lembrar o passado para fazer as coisas corretamente.

— Mas é difícil acertar quando não sabemos o que é preciso fazer — reclamei.

— Se seguir o bom caminho, se desejar o bem ao próximo, vai acertar.

— Vou ficar triste por não ter Charlote ao meu lado.

— Mas terá Emmanuelle. Ela vai guiá-lo. Quando se ocupar com uma grande tarefa, a de divulgar a Doutrina Espírita, estará tão irmanado nesse ideal que não vai se importar com a escolha que fez. Algo também vai acontecer para se ocupar. Foi um ato de amor que aceitou receber. Além disso, nunca sabemos o futuro. Muitas coisas podem se alterar, de acordo com o livre-arbítrio de cada um.

Não sei se havia entendido, mas aceitei.

Olhei para Charlote como se fosse pela última vez. Sorri e disse:

— Até o momento que pudermos ficar juntos. Vou aceitar o planejamento e meu destino.

Lafaiete me conduziu de volta ao corpo.

Acordei e parecia ter tido um sonho estranho e diferente, daqueles que parecem que são realidade. Não me lembrava de tudo. Achei que tinha sonhado com o período da Inquisição, com violência a mulheres. Que o sonho havia mudado e eu e René brigávamos... Tudo confuso. Não sabia que se tratava de uma visão do passado.

CAPÍTULO 16
Entre dois amores

Naquele dia, não me sentia muito animado, como era comum.

Cheguei a conversar com Emmanuelle, que reforçou o convite para que, no meu retorno a Paris, para os últimos meses de meus estudos, fosse procurá-los. Ela gostaria de me apresentar as reuniões de que participava para estudo da Doutrina Espírita.

Acho que, nesse momento, eu gostei. Fiquei interessado.

Caminhávamos pelo jardim, nos últimos momentos antes de ela partir, Emmanuelle me disse:

— Eu entendo que esteja em conflito. Mas tudo vai dar certo. Será por pouco tempo. Assim que você encontrar um objetivo em sua vida, der atenção a esse objetivo e se empenhar nele, esse sentimento angustiante vai passar.

— Do que está falando?

— Sei o que sente, Jean-Pierre.

— Como pode saber?

— Lembra-se do que lhe falei sobre mediunidade?

Na verdade não me lembrava direito, mas considerei para que não pensasse que fiz pouco caso do assunto:

— Lembro.

— É mediunidade. Eu sinto. Sou capaz de captar os sentimentos dos outros. Sei que está apaixonado por Charlote. Inclusive, deu para perceber isso quando jantamos e conversamos. Ela está comprometida com René. Embora você não entenda a razão de não gostar do rapaz, fique sabendo que foi por divergências do passado que ainda não se resolveram. Guardam sentimentos e vão precisar se acertar para não levar essa mágoa e esse rancor para vidas futuras. Deixe que eles se acertem. Aconteça o que acontecer.

— Não estou apaixonado por ela. Estou enamorado por você.

Emmanuelle sorriu. Talvez, para me agradar.

— Eu entendo que sim. Gosta de mim, mas não sabe o que fazer com o que sente por ela.

— Não é bem isso.

— Não negue, Jean-Pierre. Sei o que falo. Sei também que esse conflito todo vai suavizar. Com o tempo, terá tantas ocupações que não passará de uma lembrança. Essa resignação vai lhe trazer méritos para uma vida futura. Mas só se não alterar os planos desta.

Eu me fiz de desentendido.

Ela sorriu lindamente. Parecia que brilhava.

Nós nos abraçamos. Foi um abraço longo em que senti algo muito diferente.

Fiquei apaixonado por Emmanuelle.

Como isso poderia acontecer? Eu estava ficando louco! Como gostar de duas pessoas?

Eu prometi que iria visitá-los quando retornasse a Paris. Fiquei interessado em vê-la novamente e desejava oficializar nosso compromisso, indo até a casa de seus pais e fazendo, oficialmente, o pedido.

Acompanhei Emmanuelle até a carruagem e nos despedimos.

Após as despedidas, retornamos para dentro de casa.

Minha mãe estava muito feliz. Antoinette me abraçou forte e não parou de falar.

Começou a fazer planos para irmos a Paris e nos encontrarmos com os Lamartines de Avignon para oficializar o compromisso com os filhos.

Ela ficou orgulhosa por eu ter aceitado uma das jovens.

Falei que não foi nenhum sacrifício, pois Emmanuelle era uma moça diferente. Muito gentil e ativa. Possuía qualidades que qualquer homem gostaria, além de ser uma pessoa bem agradável. Disse que, verdadeiramente, tinha gostado dela e não via a hora de encontrá-la novamente.

Percebi que meu pai também ficou satisfeito e orgulhoso de mim.

Mas tínhamos um problema, Nícolas havia se apaixonado pela jovem Eloíse. O pai da moça percebeu e foi tirar referências dele com Marsily Oliver. Meu pai não poderia mentir para seu amigo. Contou que Nícolas era um amigo meu, que estudávamos juntos, mas era filho de empregados. O homem não gostou. Meu pai, ainda disse que, devido à fidelidade e competência, assim que terminasse seus cursos, Nícolas iria trabalhar para ele, ao meu lado.

O senhor Lamartine, ainda assim, não ficou satisfeito e não disse qual sua decisão, caso Nícolas fosse pretender a mão de sua filha.

Enquanto tudo isso acontecia, na casa de Madame Louise, Charlote e René se despediam.

Haviam combinado que, em breve, Louise e Victoriane, amiga querida da família, deveriam ir até Paris para conhecer os pais do rapaz e marcarem a data do casamento.

O senhor Odélio também estava convidado. Afinal, ele estava sempre presente na vida das duas e merecia essa consideração.

Sabia-se que os pais de René não estavam satisfeitos com a escolha do filho. Desejavam que encontrasse uma jovem de melhores condições, mas não interferiram. Aceitaram sua escolha.

Dessa forma, ficou combinado que René retornaria para Paris e, em breve, Charlote, sua mãe e os dois convidados, iriam para lá encontrá-lo.

Sem entender a razão, decidi colocar um fim à vontade de rever Charlote. Seguiria o conselho de Nícolas e buscaria pensar em Emmanuelle, uma jovem radiante, cheia de vida, sonhos e muito encantadora.

O tempo foi passando.

Eu e Nícolas retornamos a Paris. Ficou acertado que eu não marcaria visita a residência dos Lamartines, para firmar compromisso oficialmente com Emmanuelle, sem a chegada dos meus pais à cidade.

Não tive mais notícias de Charlote nem de Madame Louise. Apesar de que, algumas vezes, bem remotas, pegava-me pensando nelas.

Nícolas, talvez, soubesse de alguma coisa, sua mãe continuava amiga de Madame Louise. Mas meu amigo era discreto e sabia que eu estava disposto a esquecer aquela jovem. Tinha comentado isso com ele.

Estava caminhando pela Champs-Élysées, a avenida mais bonita e conhecida de Paris e mais famosa do mundo, por seu prestígio, quando encontrei René. Não imaginava que, pelas circunstâncias, pudéssemos nos encontrar em tão pouco tempo.

Nós nos cumprimentamos. Senti algo muito ruim quando estava frente a ele. Não sabia explicar. Ele, sempre elegante e cordial, convidou a mim e ao Nícolas para uma bebida, no café mais próximo. Aceitamos, apesar de perceber a contrariedade no semblante de meu amigo.

Conversamos um pouco e René nos contou sobre montar seu consultório. Ele relatava tudo de um jeito esnobe, como se quisesse me provocar, mostrar que era melhor do que eu com atitudes altivas, desdenhosas e soberbas. Não era impressão minha. Seus discursos eram longos e arrogantes. Falou que, junto com Charlote, deveriam atender principalmente crianças, pois esse era o sonho dela. Fora isso, a noiva desejava lecionar.

Ignorávamos, lógico, que a alma guarda suas mágoas, suas mazelas e tudo aquilo que nos incomodou no passado. Por isso ele queria me provocar.

Quando disse que estavam preparando tudo para o casamento, senti-me mal. Algo mexeu dentro de mim. Fiquei calado. Não sabia o que dizer.

Achava que Charlote não o merecia, mas não entendia por que. René era um homem bom apesar do jeito que começou se apresentar ali. Era elegante, bem de vida e não a deixaria passar necessidades. Estava fazendo todos os gostos da noiva. Não tinha com que me preocupar ou me incomodar. Afinal, mal conhecia a jovem em questão e aquela união era um problema deles.

Fiquei angustiado.

As poucas lembranças ao lado de Charlote, vieram-me à mente. Seu susto quando a salvei do cavalo desgovernado, seu sorriso quando tentei envergonhá-la por causa de um biscoito, o jeito alegre e determinado de se expressar não saíam das minhas lembranças. Ela, por alguma razão que naquele momento não sabia dizer, significava muito para mim.

Foi difícil ouvir os planos felizes de René. Mas me contive.

Depois que o deixamos, Nícolas, percebendo meu estado, começou a me aconselhar, dizendo que não havia nada que eu pudesse fazer. Tudo já estava destinado. Meu compromisso com Emmanuelle deveria ser meu foco.

Pensando em Emmanuelle, aquele sentimento ruim começou a ficar distante. Eu tinha novos planos e esperança.

Voltamos para casa. Minha mãe já havia chegado e estava muito animada para o jantar na residência dos Lamartines de Avignon, ocasião em que eu consolidaria compromisso com minha pretendente e marcaríamos o casamento.

Antoinette não parava de planejar. Já havia ajeitado toda a casa. A empregada não tinha sossego e ela não deixava de ter ideias. Arruma aqui e ali, muda móveis de lugar para ficar diferente... Aquilo me incomodava. Eu nem ouvia direito o que sugeria, opinava ou exigia.

Na noite de meu noivado com Emmanuelle, fiquei muito feliz. Não sei explicar. Uma alegria me invadiu a alma.

Conversamos bastante e ela teve a oportunidade de me mostrar seus livros de estudo sobre a Doutrina Espírita e me emprestou O Livro dos Espíritos, que levei comigo para casa.

Não marcamos a data do casamento, mas ficou entendido que nos casaríamos assim que eu me formasse e começasse a trabalhar com os negócios do meu pai, que havia montado um escritório para suas transações ali, em Paris.

Nícolas, enamorado por Eloíse, estava comigo.

O Senhor Lamartine, sem muita satisfação, consentiu que o meu amigo namorasse sua filha mais nova.

Apesar da pouca idade, Eloíse se rebelou. Antes de chegarmos, havia dito aos pais que, se não permitissem seu namoro, viraria freira ou ficaria solteira fazendo-os passar vergonha com o que pudesse fazer.

Temerosos, os pais aceitaram, uma vez que perceberam que Nícolas, embora fosse de origem pobre, era uma boa pessoa e conseguiria um bom emprego depois de formado.

O tempo foi passando e Emmanuelle me convencendo de que a Doutrina Espírita explicava mesmo sobre os motivos de nossos sofrimentos e angústias.

Eu a acompanhei, algumas vezes, às reuniões e fiquei impressionado. Lia e estudava os livros da Codificação e tudo começava a fazer sentido.

Não me lembrava do meu sonho, mas entendia que, aquele sentimento inexplicável por René e Charlote, deveria ser de vidas passadas e o esquecimento era uma bênção.

Certo dia, caminhava pelas vielas de Paris e, subitamente, reconheci aquele lindo rosto em meio à pequena multidão que circulava.

Era Madame Louise. Fiquei encantado ao vê-la. Mas o que estaria fazendo ali em Paris?

Corri à sua direção e, muito alegre, fui cumprimentá-la.

— Madame Louise?! Que bom vê-la!

— Meu filho! — ela pareceu encher a boca ao exclamar. Eu não percebi sua emoção e não me incomodei com seus olhos cheios de lágrimas.

— O que faz aqui? Como veio parar em Paris?

— Vim para o casamento de minha filha Charlote.

Senti uma adaga perfurar meu coração.

— Eu não sabia que Charlote iria se casar.

— Sim, vai. Daqui duas semanas. Eu e Victoriane estamos ajudando nos preparativos. Até o senhor Odélio veio para cá — riu com seu jeito peculiar.

— Então... — não sabia o que dizer. — Será uma bela cerimônia.

— Simples, na verdade. René e ela não querem pompas.

Percebendo-a com uma cesta bem cheia, fui solidário e pedi para ajudá-la.

Enlacei a cesta no braço e lhe ofereci o outro para conduzi-la e dizendo:

— Vou levá-la até onde está morando.

— Estou morando, provisoriamente, na casa que será de Charlote e René. Ele ainda está morando com os pais e ficará lá até o casamento. Ela está comigo na sua nova casa. Estamos arrumando tudo e isso dá muito trabalho.

— Vejo que está feliz com o casamento.

— Sim. Muito feliz. Sinto que minha missão foi cumprida com ela.

— Não vai morar aqui?

— Não. Devo retornar ao vilarejo. Gosto demasiadamente de lá. Eu e Victoriane estamos pensando em dividir a mesma casa — ela riu de um jeito engraçado, da forma que eu gostava. — Ela já tem idade. Está sozinha porque não quer morar com os filhos.

— E o Senhor Odélio?

— O que tem ele? — Louise indagou.

— A madame e ele se dão muito bem — nem eu entendi porque disse aquilo. Senti certa vergonha depois de ter falado.

— O Senhor Odélio é um grande amigo — sorriu com jeitinho.

Olhei para ela mais demoradamente. Era uma mulher muito bonita. Não deveria ter quarenta anos nem parecia beirar essa idade. Tinha uma ótima aparência. Educada e simpática, além de muito culta. Precisaria ter alguém ao seu lado. Um homem para ajudá-la e protegê-la. O Senhor Odélio bem que poderia ser esse homem. Era pessoa honesta, estabilizada e vivia sozinho. Não tinha filhos. Gostava dela, até onde percebíamos e...

— Por que não? — novamente a pergunta saltou da minha boca. Justo eu que não tinha nada a ver com isso. — Se me permite dizer, amigos são os melhores companheiros, madame.

Ela não disse nada e pareceu pensativa. Mudamos de assunto e conversamos até chegar à frente de uma delicada residência.

Havia flores no jardim e as cortinas graciosas apareciam na janela.

— Vamos entrar! — ela convidou.

— René e Charlote estão em casa?

— Não. Mas não devem demorar.

Eu gostaria de dizer a ela para não deixar Charlote se casar, que eu a amava e sentia que precisava dela junto a mim. Mas, por outro lado, não gostaria de terminar meu compromisso com Emmanuelle. Era um conflito bem estranho.

— Em outro momento, venho visitá-los.

— Então, façamos o seguinte: vamos convidá-lo para o casamento. Deixe seu endereço que, eu mesma, faço questão de levar o convite a você e sua família.

Tirei um cartão do bolso do paletó e estendi à minha antiga preceptora. Fiquei bem satisfeito em fazer aquilo. Manteria contato com ela.

— Se não puder me estender o convite do casamento, vou entender. Mas gostaria que me escrevesse sempre que possível.

— Será uma alegria imensa, meu filho! — disse olhando para mim com profunda emoção. Também me senti emocionado, sem saber explicar.

Despedi-me dela com um abraço forte e a beijei no rosto.

❖

Voltei para casa. Novamente, pensamentos cruéis me castigavam. Ficava em dúvida sobre falar ou não para Charlote que a amava. Mas já tinha decidido que não a incomodaria.

Encontrei meu pai em casa e achei que, dividindo com ele esses sentimentos, talvez, pudesse me orientar. Não sabia o que estava acontecendo comigo.

Eu o rodeei e disse:

— Estou preocupado.

— Com o quê? Pode-se saber?

— Estou com meus sentimentos divididos.

— Como assim? — meu pai se interessou.

— Hoje encontrei Madame Louise. Ela está em Paris para o casamento da filha e... — contei tudo o que aconteceu.

— Afinal de contas, essa Charlote é ou não filha de sua preceptora?

— Não. Até onde sei, é sobrinha. Filha de uma irmã que morreu.

— Será que essa história é verdadeira? Ou será que Madame Louise quer preservar sua reputação?

— Mas o que isso importa?! O caso é que estou gostando da jovem e ela vai se casar em duas semanas!

— Não pode se aproximar dessa moça de modo algum! Você tem um compromisso a zelar. Deu sua palavra aos Lamartines de Avgnon! Seu casamento já está marcado para daqui a três meses! Não pode voltar atrás!

— Calma, pai! Mas o que é isso?

— Onde está Madame Louise? Em qual endereço?

Expliquei de qualquer modo. Não imaginava o que ele iria fazer com aquela informação.

Meu pai me largou sozinho e saiu.

Sem que eu soubesse, foi procurar o endereço que mencionei. Tinha medo de me ver envolvido com alguém que pudesse ser minha irmã.

Bateu à porta da casa que seria de Charlote. Louise atendeu.

— Preciso falar-lhe! Quem é Charlote?! É sua filha de verdade?!
— Não! É minha sobrinha.
— Verdade mesmo?! Preciso saber?!
— Lógico que é minha sobrinha. Por que eu mentiria?
— Para preservar sua reputação.
— Caro Marsily Oliver, você nunca quis saber da minha vida, por que isso agora? Não tenho satisfações a dar para ninguém! Muito menos a você!
— A mim, tem sim. Cuido do nosso filho — falou com jeito altivo, mas sussurrando.
— Quer ver eu estragar toda essa sua arrogância? Posso contar a todos a verdade e provar que não tenho nada a perder — disse no mesmo tom.
— Ficou louca?! — ele exclamou, mas ainda sussurrando. — Cuidado com o que vai fazer. — Para querer humilhá-la e intimidá-la, ainda disse: — Você é sozinha, desprezada. Ninguém lhe quer. Mulheres solitárias são capazes de tudo para chamar a atenção.
— Não sou sozinha! Por quem me toma?! Tenho alguém! Embora isso não seja da sua conta! — ela falou mais alto para se impor.
— Quem? Ninguém lhe quis até hoje! — tentou ofender, falando com deboche.
— Tenho compromisso com o Senhor Odélio, se quer saber. Gosto muito dele. É um homem honrado. Depois de cuidar da felicidade de minha sobrinha, vamos pensar na nossa união! Se não tive alguém até hoje, não foi por não querer, foi por conveniência! E quer saber? Não tenho satisfações a dar a você sobre a minha vida! Tenho somente um homem para dar satisfações, que é o Senhor Odélio! — empurrando-o para fora e antes de fechar a porta disse: — Passe bem! — bateu a porta.

Ficou nervosa. Sua sabedoria lhe dizia que não precisava revelar a verdade. O passado não voltaria. Nada poderia ser mudado. Até pensava que, se eu soubesse a verdade, poderia odiá-la e eu não mais iria querer vê-la.

Já tinha se acostumado com sua sina e com a nossa distância. Mesmo inconscientemente, Madame Louise fazia aquilo pela promessa que me fez no passado, que era de me deixar ter estudo, bens, família. Minha mãe cumpre promessas.

Quando Madame Louise se virou e olhou, viu Senhor Odélio, parado no meio da sala, olhando-a de modo estranho.

Ele teria ouvido a conversa? Ela ficou pensando. Não saberia responder.

Decidiu não dizer nada e vê-lo se manifestar.

— Não sabia que gostava de mim, Madame Louise — foi a fala do Senhor Odélio.

— É... Eu... — envergonhou-se. Não sabia o que dizer.

Ele não tinha ouvido toda a conversa. Chegou quando ela falou seu nome.

— Vejo-a pronta. Pretende sair, madame?

— É... Tinha de ir encomendar flores e... — ainda gaguejava.

— Posso acompanhá-la até a florista? Assim sairemos um pouco e podemos conversar. Hoje, Charlote e Victoriane estão lá em cima terminando de fazer as almofadas. Podemos sair, não é mesmo?

Madame Louise aceitou. Estava confusa demais com o que tinha acontecido e nervosa pela presença de Marsily Oliver.

— Eu falei aquilo porque... O senhor viu quem estava aí à porta?

— Não. O ângulo como segurou a porta, não me deixou ver a pessoa que estava sobre a soleira. Cheguei quando a madame falava meu nome. Nem me interessei pelo restante da conversa. A verdade é essa — sorriu para ela de modo encantado.

— Está bem. Vou pegar minha bolsa e vamos sair. Vamos até a florista. Agradeço sua companhia — aceitou por lembrar minhas palavras referentes ao companheirismo e a amizade.

Marsily Oliver ficou tranquilo por saber que Charlote não era minha irmã. Não tocou mais no assunto nem me procurou para conversarmos. Tinha medo de eu me aproximar dela. Teria de me contar a verdade sobre meu passado, caso fôssemos irmãos.

CAPÍTULO 17
Perdão, sinônimo de amor

Os dias passaram e após o casamento de Charlote e René eu me senti melhor.

Achei tudo muito bonito. Eles se casaram em uma cerimônia reservada àqueles bem próximos. Foi em uma capela muito bonita. Compareci com minha noiva, assim como Nícolas e Eloíse também.

Fiquei mais concentrado no compromisso entre mim e Emmanuelle.

O conhecimento daquela nova filosofia fazia sentido para mim. Sentia-me bem com o que aprendia e estudava. Comecei a frequentar sociedades espíritas e me juntar a grupos de amigos afins.

Em certa ocasião, encontrei com René e Charlote na rua onde ficava o consultório médico.

O encontro resultou de eu convidá-los para meu casamento, mas, antes, que fossem até minha casa.

O casal aceitou prazerosamente. Foram até minha casa e, em meio a muita conversa, falamos sobre a doutrina codificada por Allan Kardec, o que ficaram muito interessados, embora já soubessem algo sobre o Espiritismo.

Sem demora, junto com Emmanuelle, Nícolas e Eloíse, levei-os para conhecer a sociedade espírita e se juntaram ao estudo dos livros da codificação.

Fui percebendo que meus sentimentos quanto à Charlote e a implicância sobre René estavam tranquilos. Não existiam mais. Sentia-me bem. Nada me incomodava.

Após meu casamento, tudo ficou ainda melhor.

Charlote e René faziam um belo casal e tornaram-se nossos amigos. Iam à nossa casa com frequência e as mulheres se davam muito bem.

Eu e Nícolas trabalhávamos nas empresas do meu pai, com exportação de alimentos e, não demorou, Nícolas se casou com Eloíse.

Nossa amizade ficou ainda mais forte.

❉

Eu gostava de ver René empenhado em seu consultório. Passou a fazer consultas gratuitas a quem não podia pagar.

Acabei tendo outra opinião sobre ele. Acreditei que os ensinamentos do Espiritismo haviam mudado aquele homem.

René e Charlote tiveram seu segundo filho quando eu e Emmanuelle tivemos nosso primeiro.

Estávamos bem felizes com a chegada de Armand, nome sugerido por meu pai, por ser o nome do meu avô.

A chegada de uma criança sempre oferece muito trabalho. Minha mãe e a mãe de Emmanuelle ficaram em nossa casa para ajudar. Eu soube também que Madame Louise havia chegado do campo para ajudar a filha. Afinal, Charlote tinha duas crianças para cuidar.

Era comum eu, René e Nícolas conversarmos muito, fosse nos salões ou na sociedade espírita. Tornamo-nos bons amigos e sempre nos encontrávamos. Apesar de Nícolas ser muito, muito mais próximo.

René tinha ideias de ampliar sua clínica e ter outros médicos trabalhando junto. Dessa forma, poderiam atender muito mais pessoas.

Eu não podia opinar, uma vez que não era da minha área, mas o ouvia e apoiava.

Em visita feita a René e Charlote, pela chegada de mais um filho, reencontrei Madame Louise.

Eu a abracei de uma forma diferente. Uma emoção forte brotava do meu coração sem que soubesse explicar. Ficamos conversando muito. Gostei demais por saber que ela e o Senhor Odélio haviam se casado. Ele era um bom marido, ótimo companheiro e se davam muito bem. A Senhora Victoriane, com idade, não pôde acompanhá-la na viagem a Paris e havia ficado em casa. Como uma mãe, essa senhora era companheira e amiga. Madame Louise não permitiu que fosse morar com as noras e os filhos que, às vezes, iam visitá-la.

Madame Louise foi até minha casa para nos visitar muitas vezes.

Eu e Emmanuelle tivemos uma menina e demos o nome de Laiane. Ela nasceu antes do tempo, bem pequena e percebemos certa deformidade nos lábios. Seu rosto era bem redondinho e tinha os olhinhos puxadinhos. Era nítido que ela apresentava algo diferente.

Chamamos René para examinar nossa filha. Ficamos tristes ao saber que Laiane não seria uma criança como as outras. Ela precisaria de cuidados especiais e estímulos. Não seria como Armand, nosso primeiro filho. René tinha auscultado um comprometimento nos batimentos cardíacos de nossa pequena Laiane.

Ficamos bem chateados.

Minha mãe estava viajando, assim como a mãe de Emmanuelle e ainda não tinham retornado. Devido ao nascimento precoce de Laiane, tínhamos somente empregadas para ajudar.

Em visita à sua filha, Madame Louise soube do ocorrido e foi para minha casa ajudar minha esposa e nossos filhos.

Quando minha mãe chegou, começaram a dividir tarefas. Laiane exigia muitos cuidados. Aquecimento adequado de seu corpinho. Devido ao frio, era preciso encher garrafas com água morna, na temperatura certa, para deixar ao lado do berço e aquecer minha pequena. Não poderiam descuidar. Trocar as garrafas antes que esfriassem e não deixá-las muito quentes. Esses e outros cuidados davam muito trabalho.

Minha mãe Antoinette e Madame Louise não se permitiam folga. Tornaram-se grandes amigas.

Antoinette via o carinho com que Louise tratava meus filhos e isso a cativou.

Apesar das dificuldades, Laiane foi crescendo.

Ela nos fez desenvolver um amor incondicional, como disse Emmanuelle. Não importa a dificuldade ou os limites de alguém, quando ficamos perto, cuidando e amparando, desenvolvemos amor. Basta tentar.

❖

O tempo passou. Nícolas já era casado com Eloíse e tinham dois filhos quando meu terceiro filho com Emmanuelle nasceu. Nossa amizade só ficava mais forte.

Ao mesmo tempo, René e Charlote tiveram seu terceiro filho também.

Eu, Emmanuelle, Armand, a pequena Laiane e nosso caçula Marlon vivíamos muito bem e unidos.

Éramos uma família feliz. Enfrentávamos dificuldades, lógico. Tínhamos problemas, mas nos completávamos.

Os ensinamentos da Doutrina Espírita nos ajudavam a entender que precisávamos nos esforçar para vivermos bem, para não nos desviarmos do que seria equilibrado para nosso espírito.

Certa ocasião, Emmanuelle me procurou e disse:

— A Charlote veio pedir minha ajuda. Precisa de orientação. Não sabe o que fazer. Ela disse que René está diferente. Descobriu que ele tem outra mulher. Uma amante. Mas não é só isso. Ela sabe que o marido está se desviando das tarefas nobres. Está usando seu título de médico e os conhecimentos espíritas para iludir pessoas. René está sendo um charlatão.

De fato, fazia tempo que não víamos René nas reuniões espíritas. Pensávamos que estava em casa, dando apoio à esposa e aos filhos pequenos.

As preocupações com Laiane não deixavam Emmanuelle visitar a amiga com a mesma frequência de antes. Elas estavam se falando pouco.

— O que eu posso fazer, Emmanuelle?

— O livre-arbítrio, ou seja, o livre poder de escolha faz com que nos desviemos dos destinos traçados por Deus, Jean-Pierre. Não era para René se desviar para o charlatanismo. Ele está enganando pessoas e, se não bastasse, abandonando a família que Deus lhe confiou os cuidados. Ninguém está junto por acaso. Você sabe disso.

— Sim, eu sei. Mas o que posso fazer?

— René é seu amigo. Pode falar com ele a respeito.

— Não sei se deveria. René tem se afastado de mim e de Nícolas nos últimos tempos, você sabe disso. Já falamos a respeito. Não posso obrigá-lo a se abrir comigo. Não posso invadir sua vida. Esse é um problema dos dois.

— Somos amigos deles. Não podemos deixar que sofram.

— Emmanuelle... A Charlote tem de conversar com o marido e falar sobre o que aprenderam na Doutrina. Se René não quiser ouvi-la, não há nada que ela ou nós possamos fazer.

E a situação ficou assim.

Experimentei uma amargura muito grande ao saber das atitudes de René. Eu estava desconfiado de que ele se desviava, mas não tinha dito nada.

Nossa filha Laiane desencarnou com pouca idade. Choramos muito. Foi um ser de luz que nos ensinou muito sobre doar-se sem distinção, amor incondicional e companheirismo. Laiane foi capaz de unir Madame Louise e Antoinette que se dispuseram, por muito tempo, a cuidar dela. Deu oportunidade de Madame Louise, minha verdadeira mãe, ficar muito mais tempo perto de mim.

Fiquei muito triste com sua partida.

Um tempo depois, Emmanuelle me procurou e contou que René abandonou Charlote e os três filhos. Ela não quis contar para a mãe. Não desejava incomodá-la. Entendia que Madame Louise tinha se doado a ela por toda a sua vida. Agora, que estava casada e com um companheiro bondoso, precisava ter sossego. Não poderia incomodá-la.

Contou que René, usando da mediunidade, dos conhecimentos de medicina e de sua esperteza, tornou-se um charlatão. Cobrava alto preço pelo que fazia. Gastava com mulheres tudo o que ganhava e deixava a esposa e os filhos passarem necessidade.

Quando ouvi isso, fiquei indignado. Algo me incomodou muito.

Procurei por Nícolas e conversamos.

— Meu amigo... Se desejar ajudar, limite-se a dar provisões à Charlote e aos filhos. Não se envolva além disso. Se quiser, podemos fazer retiradas da empresa a mais, como fazemos para as doações de caridade, e manter a família de René. Eu mesmo posso cuidar disso — foi a opinião do meu amigo.

— Mas não é só de pão que vive o homem! — eu protestei. — Charlote e as crianças precisam da presença do pai!

— Esse é um problema de René. Se pensarmos bem, Charlote tem a oportunidade de se fortalecer, orientando os filhos, cuidando deles com todo o amor e carinho. Fazendo a vez dela e do pai. Mantendo as provisões da família, não os deixando passar necessidade, você estará fazendo mais do que sua parte como amigo e companheiro, para esses conhecidos. Não passe disso.

Mas eu não me contentava. Não gostaria de ver Charlote abandonada com seus três filhos. Seria uma vergonha para ela ser abandonada pelo marido e passando necessidades, tendo de ser ajudada, enquanto ele gastava tudo o que tinha com leviandades. René era conhecido e conceituado.

Aquele assunto me incomodou imensamente. Fiquei noites sem dormir.

Sem que ninguém soubesse, decidi procurar informações sobre René, com a ajuda de um investigador. Descobri que estava clinicando em uma cidade vizinha. Visitava bordéis e tinha as mais baixas companhias a sua volta, mas, na sociedade, fazia-se parecer um médico respeitável. Enganava como ninguém. Fazia sessões mediúnicas como se estivesse incorporado e curava simples resfriados que, como médico, dizia ser tuberculose ou outra doença grave. E ganhava mérito, dinheiro, fama e muito mais. Seu charlatanismo não era descoberto. Tinha mulheres, com as quais se envolvia, que mentiam e testemunhavam seus "milagres".

Peguei o endereço, que me foi fornecido, e fui procurá-lo.

Entrei em um lugar horroroso para tentar conversar onde ninguém me conhecesse.

René me viu. Riu. Mesmo embriagado, deu-me seu endereço para que conversássemos.

Chamou-me de amigo querido, mas eu olhei para ele e o odiei. Não sabia de onde vinha aquele sentimento. Não gostava do que experimentava.

Meu lado homem, meu lado de honra, chamava-me, gritava dentro de mim para que fizesse algo. Ele fazia Charlote e os filhos sofrerem e não percebia essa dor.

Procurei por René, onde ele indicou, e tentamos conversar.

Disse-lhe que estava sendo um homem desonesto. Perguntei o que fez com tudo o que aprendeu na doutrina que estudou. Falei das necessidades que deixava sua família passar.

René riu. Jogou, na minha cara, que eu era apaixonado por sua mulher e, se quisesse, que ficasse com ela.

Eu não sentia mais nada por Charlote. Tinha certeza disso. Estava indignado por ver uma família tão linda e perfeita, infeliz e na miséria, por conta de um pai irresponsável.

Comecei a falar. Chamei René de canalha, covarde, irresponsável.

Ele tentou me socar, mas me esquivei e o soco não me acertou.

Continuei falando, mesmo vendo-o cambalear sobre um móvel.

René remexeu nessa cômoda parecendo nem saber o que estava fazendo. Quando se virou, estava com uma garrucha na mão.

Quando eu o vi com aquela arma de fogo de cano curto na mão, fui à sua direção para segurá-lo. Mas estava sendo difícil. Ele disse que iria me matar, pois não suportava me ver. Confessou que me odiava. Nunca gostou de mim. Falava coisas aparentemente desconexas, mas, no fundo, faziam sentido.

Lutamos. E ele com o total domínio da arma. Deitado sobre uma escrivaninha, sentindo a garrucha encostada na minha cabeça, não tinha muito o que fazer. Tentava segurar o braço de meu oponente, mas perdia as forças devido a posição. Com a outra mão, tateei a mesa e senti um objeto. Era um abridor de cartas.

Peguei-o e apunhalei René que se afastou de mim. Senti a arma sair da minha cabeça e o vi cair. Mas antes me olhou e murmurou:

— Eu vou te matar.

O duelo do passado se repetia de forma diferente. René, em seu espírito, nunca tinha me perdoado. Seu ser guardava mágoa e ausência de perdão. Como o perdão é importante!

Fiquei olhando. Muito assustado. Um sentimento ruim me correu pela alma. Não sabia o que fazer.

Fiquei confuso e saí dali. Não sabia se ele iria sobreviver ou não. Talvez, se socorrido, pudessem fazer algo, mas não sei dizer. Ele caiu e eu o deixei, ali, no chão. Estava muito transtornado e sem saber o que fazer.

Procurei por Nícolas, que me viu transfigurado e quis saber o que havia acontecido. Não disse nada. Falei que precisava de uma bebida. Só isso.

Bebi um litro inteiro do que mais forte meu amigo tinha em casa.

Ele me levou para casa e Emmanuelle estranhou por me ver naquele estado.

Acordei muito mal no dia seguinte. Lembrei o ocorrido e desejei que fosse mentira, que fosse um sonho. Mas não era.

No final da tarde daquele dia, a notícia sobre a morte de René chegou. Especulações e boatos diziam que foi atitude de um marido traído que o procurou e, para honrar seu nome, matou-o e fugiu.

Não encontraram o homem.

Fiquei diferente desde então. Mudei meu jeito de ser e ninguém entendia a razão.

Os bens, que René deixou, ficaram para a esposa e os filhos. Nícolas ajudou Charlote a administrá-los, pois ela não entendia de negócios e eu não quis me envolver.

Nícolas desconfiou de ter sido eu o agressor de René, mas nunca me perguntou nada.

Alguns dias depois, fui para o campo. Aproveitei a visita até a casa dos meus pais e procurei por Madame Louise.

Ela estava triste pelo marido da filha. Ficou sabendo, somente dias depois, que Charlote estava viúva. Ignorava que René estava se desvirtuando.

A Senhora Victoriane havia falecido, o que a deixou muito mais triste.

Ela vivia bem com o Senhor Odélio, isso me deixou feliz.

Pensei em lhe falar sobre o ocorrido e minha dor, mas Madame Louise agradeceu por saber que Nícolas estava ajudando a administrar os bens de sua filha, comprando e alugando propriedades para que Charlote não passasse necessidades. Sabia que eu e minha esposa estávamos orientando sua filha e as crianças e ficou muito grata.

Não lhe disse nada. Achei que não precisaria saber e eu poderia me arrepender depois.

O Senhor Odélio me achou diferente. No caminho de volta para a casa dos meus pais, ele conversou comigo. Tentou saber o que era, mas não quis lhe contar. Suas palavras me deram força, mesmo sem ele saber o que me afligia.

Gostei tanto dele o admirei mais ainda.

Vivi, sozinho, com o peso das mãos sujas. Fiquei, o que chamam hoje, deprimido. No fundo do poço. Deixei de fazer muita coisa por causa desse estado. Que pena.

Ninguém nunca soube. Tive muita vergonha.

Desencarnei novo.

Nícolas cuidou de minha família e soube, muito bem, orientar meus filhos.

❖

Na espiritualidade, tudo fica aparente.

Amarguei a tristeza de ter tirado a vida de alguém. Fui orientado que a legítima defesa traz atenuantes. Ninguém pode deixar tirar a sua vida quando se tem a oportunidade de viver.

Isso me deixou mais leve.

Quando reencontrei meus queridos amigos, no plano espiritual, senti-me melhor.

Madame Louise, minha verdadeira mãe, pediu perdão por ter me doado para meu pai. Não me importei com o que ela havia feito. Já tinha consciência de que ela havia cumprido sua promessa, apesar de achar que, talvez, eu estivesse melhor ao seu lado. Mas foi ideia minha querer ter posses para que minha vida fosse diferente.

Aprendi que a riqueza não nos ajuda em nada. O que faz com que tenhamos uma vida melhor, paz na consciência e elevação é o nosso caráter, nosso empenho no bem e no amor a nós e ao próximo.

A riqueza em nada me ajudou. Grande engano acreditar que a riqueza vai fazê-lo feliz.

Pela falha de ter, salvando minha vida, tirado a vida de outro, acabei me deprimindo e deixei de cumprir, naquela época, a minha mais importante tarefa: a de divulgar a Doutrina Espírita. Para isso, sim, o meu dinheiro serviria. Mas, o idiota aqui, colocou tudo a perder.

Se bem que, pensando muito, era eu ou ele. Em qualquer um dos casos, naquela luta, eu não cumpriria meu proposto de divulgação.

Na verdade, não deveria tê-lo procurado. Não deveria ter me envolvido em assunto que não era meu.

Poderia ter feito o que Nícolas orientou: ajudado Charlote e os filhos. Nada mais, além disso.

Por essa razão, não cumpri o que precisava: divulgar a Doutrina.

Mas estou fazendo isso agora!

Foi bem interessante o que aconteceu. Enquanto eu escrevia esse livro, via, revia o passado. Foi como se o estivesse revivendo, aqui, na espiritualidade, meu passado, como se me transportasse. Por isso, o jeito meio arrojado de escrever e descrever a história e as falas. Procurei não arrojar tanto para não ficar uma leitura cansativa e difícil, mas quis mostrar, um pouco, o que aflora na nossa consciência sobre o que fizemos. Foi bem diferente.

Usando minhas experiências vividas em outras vidas, a oportunidade dessa reencarnação, os acontecimentos que tomaram um vulto danado nos últimos tempos... Quero dizer que a vida continua após a morte. Que nada acontece por acaso. Que Deus não é injusto. Deus não erra e nos oferece oportunidades, abençoadamente, magníficas!

O perdão é importante para não carregarmos peso inútil na alma e fazermos besteira por não perdoar.

Meu ofensor, aquele de quem tirei a vida para salvar a minha, não me perdoou. A riqueza e o dinheiro que teve, na época, não serviram para que ele fosse um homem melhor, honesto, cumpridor de suas tarefas no bem. Não, definitivamente, não ajudou.

Quando temos de fazer algo bom por nós e pelos outros, dinheiro não faz diferença alguma. Dignidade sim.

Não podemos continuar cometendo os mesmos erros. Precisamos evoluir o quanto antes. Necessitamos melhorar nossa moral, ter princípios, ter domínio de nós mesmos e não aceitarmos certas práticas decadentes que prejudicam o semelhante, pois teremos de reparar, arcar com as consequências do que praticarmos e, certamente, sofreremos com isso.

Se quisermos viver melhor, em todos os sentidos, será necessário começarmos a mudar a nós mesmos. Se quisermos um país melhor, vamos focar nas crianças e nos jovens. Eles precisam ser acolhidos, amparados, mas, principalmente, instruídos! Instrução implica impor limites. Instruídos com moral elevada e ânimo no bem. Precisamos de religiosidade que fale de amor ao próximo para os jovens. A religião que mostra que devemos respeitar todas as criaturas de Deus, todos os semelhantes é a melhor, pois ensina respeito.

Necessitamos, urgentemente, ensinar crianças e jovens a dizer não a todo e qualquer tipo de agressividade e violência. Ensiná-los a se colocar no lugar do outro, sempre.

Precisamos de justiça, mas precisamos, mais ainda, de que as pessoas aprendam a ser justas!

Toda criatura viva tem direito à vida.

Por ser pobre ou rico, ninguém tem o direito de tirar a vida ou prejudicar a vida de ninguém.

Limites precisam ser impostos. O ser humano só aprende com lições. As imposições, feitas pelas leis, auxiliam a evolução do espírito. Ele se coloca limites por saber das consequências. Em alguns aspectos, quanto mais liberdade, mais injustiças sociais. Precisamos pensar nisso.

Dessa forma, a justiça terá menos trabalho.

Quantos Victores precisarão morrer até que se faça alguma coisa?

Quantos pais e mães precisarão chorar mais?

Isso precisa parar. Precisamos evoluir.

Junto com meus amigos, aqueles que evoluíam e torciam pela minha evolução, na espiritualidade, desejei voltar para cumprir a promessa feita em outra vida: divulgar a Doutrina Espírita. Isso seria com ou sem dinheiro.

Foi feito novo planejamento reencarnatório. Minha mãe, a Dona Marisa, fez questão vir minha mãe mesmo e disse não abriria mão. Prometeu que ficaria ao meu lado, cuidaria de mim, mesmo com todos os probleminhas de saúde e tantas dificuldades no meu começo. Meu pai, o Senhor Valdir, um amigão, uma criatura incrível, com quem eu poderia contar em quaisquer circunstâncias, disse que estaria ao meu lado. Mas, se algo não desse certo e acontecesse algum infortúnio comigo, ele temia não aguentar. Minha mãe deu uma chamada nele. Dona Marisa disse:

— Você vai aguentar sim! Já aguentou tanta coisa! Vai suportar mais essa. Eu estarei ao seu lado para te levantar e você do meu. Juntos vamos conseguir. Somos uma família, não só no plano espiritual, mas também no plano físico.

Ele me amava e me ama tanto que estava com medo de me perder. Não podemos ter certeza das coisas.

Mais uma vez, eu, confiante, disse que daria tudo certo. Nossa família não seria ceifada. O meu algoz iria se conter, ser uma pessoa melhor. Não acreditei que algo pudesse dar errado. Afirmei que cumpriria minha tarefa. Eu me encaminharia para a área de divulgação, faria cursos na área e iria utilizá-lo, mais tarde, para divulgação da Boa Nova: a Doutrina Espírita.

Passaria por uma dificuldade sim. Seria beneficiado por entidades amigas, equipes que cuidariam de mim e da minha saúde. Grato, iria me dedicar à Doutrina.

Tudo planejado e o pessoal disposto a me ajudar e a se ajudar, pois, apesar de tudo, cada um tinha lá seus acertos e sua evolução pessoal para promover. Mas estariam comigo e isso os ajudaria também.

Eu até tinha planos de que, nesta reencarnação, René pudesse ter acesso ao que eu iria divulgar. Tornar-se uma pessoa diferente. Mais à frente, em outra vida ainda, eu poderia ser seu pai. Dando-lhe a vida que tirei e o encaminhando para que fosse uma criatura melhor ainda.

Mas isso tudo não passou de planos.

Reencarnamos uma família linda, completa e perfeita. Alicerçada na fé espírita.

Amava meus pais, meu irmão Vinicius, meus avós, meus tios... Como os amava e amo. Vocês nem têm ideia.

É lógico que o rapaz que puxou o gatilho, na atualidade, naquele dia 9 de abril de 2013 às 20h53min, poderia não ter feito aquilo. Sim, ele poderia ter tomado outra atitude, muito diferente. Tinha o poder de decisão em suas mãos.

A decisão de escolha, o livre-arbítrio, do meu agressor o fez tirar minha vida.

Mesmo com o véu do esquecimento do passado, ele, infelizmente, não conseguiu conter seus sentimentos inferiores. Ele trazia uma essência terrível dentro dele: a essência da falta de perdão. Ausência de perdão é um câncer, para a alma, que se carrega por muitas encarnações até que seja dissolvido. O remédio para essa dissolução, para esse mal é o amor.

Ausência de perdão cria revolta e a pessoa tenta justificar, de todas as formas, essa sua essência doentia, dizendo ou querendo transferir, para o outro, um problema que é só seu.

Não existem vítimas sociais. Existem vítimas de si mesmas, que tentam usar suas condições para tentarem justificar suas práticas erradas e suas revoltas. Existem outros caminhos para ser uma pessoa melhor. Pobreza não é desculpa para alguém se conduzir para o mal. Desajustes familiares, pobreza, falta de escolarização não podem servir, de forma alguma, como desculpa para alguém sair subtraindo os bens, matando, praticando crimes hediondos contra outro ser humano. Isso é um fato.

Tenho dó dele. Terá de conviver com isso e precisará reparar o que cometeu, enquanto eu me sinto liberto. Liberto de tudo, pois temos um Deus justo.

Não reagi ao assalto. Entreguei o que ele me pediu que foi um celular. Nos meus últimos minutos, ali, no chão da calçada do prédio onde morava, pensei na minha família, que eles chegariam logo e iriam me socorrer. Pensei na minha mãe. Por um momento, quis entender aquele ódio. O cara nem me conhecia. Por que atirou? Eu entreguei o celular.

Querem saber se tudo isso foi planejado?

Não exatamente.

De posse do livre-arbítrio, como perceberam no decorrer deste livro, nós podemos, ou não, alterar o curso da nossa vida e do destino de algumas pessoas.

Alguns reclamam do esquecimento do passado e que, por isso, não fazem as coisas certas.

Como Lafaiete disse: "Quando o amor verdadeiro está em nós e o praticamos incondicionalmente, fazendo ao outro o que queremos que façam para nós, não precisamos lembrar o passado para fazermos as coisas corretamente."

Quer um exemplo? Hoje andamos, mas não nos lembramos dos primeiros passos. Não precisamos lembrar os primeiros passos para caminharmos corretamente. Então não precisamos recordar o que vivemos no passado para fazermos o que é certo.

Na espiritualidade, o proposto foi essa minha família maravilhosa se unir novamente e me ajudar. Eles também gostariam de divulgar a Boa Nova, que é a Doutrina Espírita. Pegariam carona no meu trabalho.

As vibrações de revolta do meu agressor iriam atraí-lo para perto de mim. Ele teria o poder de escolha para dizer não aos seus desejos e a uma atitude descente para o seu futuro. Futuro que não termina nesta vida.

Caso ele decidisse não me matar, ele estaria liberto. Sentiria um alívio e procuraria seguir vivendo e se libertando de tudo mais o que atravancou sua alma.

Se ele não atirasse, as circunstâncias seriam outras. Dessa forma, eu poderia seguir e, futuramente, incluir, em meus projetos, a divulgação da Doutrina como estava nos meus planos.

Apesar dessa fatalidade, agora, mesmo desencarnado, estou cumprindo o meu proposto e estou aqui escrevendo um livro.

CAPÍTULO 18
Como esse livro aconteceu

Quando cheguei aqui como Victor, depois que tomar consciência e ficar bem no plano espiritual, acompanhei muito tudo o que minha família e amigos foram fazendo.

Pai, nossa, cansei de chorar do seu lado.

Mãe, sua força me dava força.

Vinicius, você sempre foi o cara. Trazendo equilíbrio para nossos pais, entendendo e dando toda a força.

Meus colegas da Cásper Líbero, nossa, como os caras se abateram.

Acompanhei seus choros e chorei junto. Chorei mesmo. Podia sentir o amor de vocês.

Fui até ao médico acompanhando alguns que não se conformavam com minha partida e queriam entender o que estava acontecendo com ele. A tristeza se manifestava bem forte e desaguava no corpo até como sintomas de alguma coisa.

Depois veio a hora de eu divulgar que estava vivo.

Escrevi mensagens para minha família por diversos médiuns.

Passado algum tempo, veio a vontade de escrever. Levaria notícia aos meus pais e divulgaria o que estava proposto e tanto desejava: a Doutrina Espírita.

Via minha mãe se levantar, erguer-se em ânimo depois de leituras e comecei a pensar muito nisto: escrever um livro! E minha mãe sabia disso. Ela entendeu minha mensagem de querer uma obra literária.

Foi então que procurei por Miguel, meu mentor, aquele espírito que se mostrou para mim logo após minha chegada ao plano espiritual.

— Miguel, eu estou com muita vontade de escrever.

— Você já enviou mensagens aos seus pais, parentes e amigos.

— Mas isso é pouco — não me conformei.

Miguel sorriu. Sorriu mesmo. A cara do cara iluminou com aquele sorriso de orelha a orelha.

— Victor, sua mãe vai assistir à palestra no *Amor em Ação*, na cidade de Arujá. Vai conhecer uma médium em especial com quem poderemos contar. Essa médium, Lúcia, é quem vai dar a palestra. Sua mãe ficará sabendo do trabalho de psicografia Vida após a vida existente na Fraternidade — refere-se a Fraternidade Espírita União, onde Lúcia trabalha. — Vai até lá para tentar receber uma mensagem sua, mas deve se tornar frequentadora. Daí por diante, entraremos em contato com outros amigos, desencarnados e encarnados, para que, se possível e dentro das possibilidades, guiem você a escrever seu livro. É preciso que seja um trabalho responsável para ser aceito e respeitado. Essa médium vai nos ajudar, vai se empenhar em fazer contatos para que você consiga o que quer: escrever um livro provando que está vivo e divulgar a Doutrina Espírita, oferecer esperança, confortar corações, gerar reflexões entre outras coisas.

Brilhei com a notícia!

Criei esperanças, que me fizeram muito bem.

Fiquei saltitante perto da médium Lúcia. Parecia criança. Ria quando via a médium preocupada, não sabendo se devia ou não falar, para minha mãe, que eu estava ali.

Resumindo, minha mãe passou a ir até o centro espírita que a médium Lúcia frequentava. Lá, reencontramos amigos espirituais.

Confesso que fiquei nervoso quando percebi que tudo estava sendo ajeitado para eu escrever um livro. Um pouco mais ansioso do que o normal.

Ficava desanimado quando via meu pai meio descrente quando surgiu a ideia do livro. Foi assim: Minha mãe começou a receber psicografias minhas através da médium Lúcia. Então o mentor dessa médium disse que aquilo seria um livro.

Minha mãe falou para o meu pai, mas o Senhor Valdir, muito, muito triste, deprimido, sentindo aquela dor terrível por causa da minha ausência, não colocava muita fé e não sabia para que este livro serviria. Ficava pensando em como punir meu agressor, mais ainda, desejava uma pena maior. Meu agressor completou dezoito anos três dias após o latrocínio. Meu pai não se conformava por ele ficar livre depois de tão pouco tempo. — O menor que tirou a vida de Victor ficou um ano e dez meses internado na Fundação Centro de Atendimento Socioeducativo ao Adolescente, que é chamada abreviadamente de Fundação CASA. Anteriormente, nomeada de Fundação Estadual para o Bem-Estar do Menor, a antiga FEBEM.

Pai, acredite, acredite em mim e neste livro. Ele tem um propósito maior do que, no primeiro momento, podemos ver. Ele vai levar entendimento para muitos corações sofridos. As pessoas, como espero que aconteça com você, vão entender a razão de seus filhos partirem. Entenderão que isso não é crueldade de Deus. Foi por reajuste.

Pai, eu te amo. Você me apoiou muito. Me ensinou tanto. Aprendi a ter força com você. Meu herói!... Este livro tem uma razão e gostaria muito que você entendesse a importância dele.

Pai, certa vez eu vi uma pessoa dizer: "Um dia vamos rir muito disso que aconteceu". Então eu falo, por que não começamos a rir agora? Se não der para rir, pelo menos, agora, sorria, pai. Sorria. Isso vai me fazer muito bem.

As primeiras páginas de psicografia do meu livro começaram a sair. A médium Lúcia não sabia muito bem como proceder com o trabalho. Já tinha recebido incontáveis mães e pais em busca de consolo e notícias de seus filhos, mas nunca tinha escrito um livro. Eu disse a ela que eram psicografias maiores, mais longas do que o comum.

Na espiritualidade, um outro amigo foi chamado: o espírito Erick, acostumado a ser o braço direito do espírito Schellida, autora espiritual de diversas obras no gênero romance espírita, que escreve através da médium Eliana Machado Coelho. Erick esteve presente no meu trabalho de psicografia. Aquele dia fiquei nervoso. Sabia que o cara entendia e queria fazer bonito, claro.

Erick gostou do que viu e disse que precisaria falar com Schellida a respeito.

Não demorou e Schellida, em pessoa — brincadeirinha, foi em espírito — esteve presente no dia do trabalho de psicografia. Foi um dia em que a Lúcia e minha mãe se emocionaram muito e disseram que havia um espírito diferente presente no trabalho. Sentiram algo especial. Eram os acordos se fechando, na espiritualidade, para que o livro saísse.

A doce Schellida disse que faltaria fazer a ligação entre os encarnados para que o trabalho se concretizasse no plano físico.

Não demorou e isso foi providenciado. Minha mãe e a Lúcia não tinham a menor ideia do que estava acontecendo. Tudo já estava arranjado.

Guiada por seus mentores de trabalho, a médium Lúcia aproximou-se de uma amiga e falou a respeito.

Essa amiga, Shirley Queiroz, que conhecia a médium Eliana, falou que faria o contato e pediria para a Eliana orientar o trabalho.

As encarnadas não sabiam, mas nós sim, que Eliana recusaria acompanhar o trabalho de Lúcia ou de qualquer outro médium. Os livros com sua mentora e outros trabalhos tomam muito o seu tempo e, não por descaso, mas por total falta de condições, ela se recusaria.

Shirley, a médium Lúcia e minha mãe ignoravam isso e não custava tentar.

Era uma tarde de terça-feira, quando Shirley telefonou para a médium Eliana e ela atendeu.

Começou a falar o motivo da ligação. Disse que uma amiga, a Lúcia, estava recebendo psicografias de um rapaz desencarnado havia alguns anos. A médium e a mãe do jovem falecido achavam que aquilo daria um livro, pois narrava parte de uma história e elas precisavam de orientação para saber o que fazer.

Eliana foi para um ambiente mais reservado em sua casa para ficar à vontade e conversar.

Sem perceber, foi para o quarto reservado, especialmente, para seus trabalhos de psicografia com sua mentora espiritual Schellida.

Ouviu tudo o que Shirley tinha para dizer e, em seus pensamentos, preparava-se para falar que não teria tempo, não teria disponibilidade.

Mas, para a surpresa de Eliana, eu entrei no quarto reservado para seus trabalhos mediúnicos e ela se surpreendeu muito, pois aquilo não acontecia. Nenhum outro espírito entra ali.

Ansioso, comecei falando:

— Ajuda a minha mãe. Esse livro precisa sair. Sei que é muito ocupada, mas pode dar um jeitinho de ajudar.

Pude ouvir os pensamentos dela dizendo:

— Schellida! Onde você está? Como esse menino veio parar, aqui, no seu quarto?!

E a Schellida respondeu daquele jeito todo doce:

— Fui eu quem o trouxe.

Eu tentando convencê-la, a mentora dela respondendo e, a essa altura dos acontecimentos, a médium Lúcia, para quem a Shirley passou a ligação, já conversava com Eliana, explicando a situação.

Em meio a toda essa confusão mental, Eliana aceitou, pelo menos, conhecer o trabalho que Lúcia e minha mãe estavam recebendo. Afinal, foi a própria Schellida quem me levou até sua casa.

Na quinta-feira que se seguiu, elas se reuniram no centro em que Lúcia trabalhava.

Para meu alívio, conheceram-se pessoalmente, embora já o tivessem feito em outra vida. Havia uma expectativa na espiritualidade.

Então, através da médium Lúcia, eu comecei escrever.

Em dado momento, escrevi algo assim: "...e Schellida abriu as portas da casa da médium para mim".

Eliana se emocionou. Ninguém mais sabia que Schellida tinha me levado lá. Ela não tinha falado. Lúcia se emocionou e minha mãe ficou sem entender, apesar de emocionada. Foi só emoção!

Conversaram sobre o trabalho o que tinham para conversar, pois nem elas sabiam o que fazer. A orientação foi para que: escrevessem. Para os encarnados as coisas são confusas, né? Eles não sabem os planos designados por Deus.

E a orientação foi de:

— Continuem escrevendo.

Eu continuei porque Lúcia se propôs.

Orientado por amigos espirituais, que já estavam acostumados com obras literárias, fui escrevendo partes das minhas histórias. Só algumas partes.

Às vezes, nem eu sabia onde aquilo tudo iria dar. Escrevia um pedaço e não dava continuação. Escrevia outro e parava. As coisas não tinham sentido para a Lúcia e para minha mãe, que liam as folhas assim que saíam escritas.

Dificuldades particulares aconteciam com Lúcia, mas ela não se deteve e prosseguiu do jeito que deu. Foi perseverante.

Minha mãe, médium, já havia recebido orientação de que não deveria haver revelações de muitos envolvidos nas histórias. Somente ela apareceria, além de mim. Os outros nomes e pessoas seriam preservados. Usaria nomes que receberam na época e, mesmo assim, descaracterizados. Não gostaríamos de ferir sentimentos ou enaltecer emoções.

Minha mãe conversou com Eliana e lhe entregou o livro, ou melhor, parte dele. Eliana deveria dar prosseguimento às psicografias e escrever o que faltava.

No começo, ela pensava que só daria orientação no trabalho e faria um prefácio. Mas se enganou. Ninguém tinha dito para ela que participaria da psicografia e escreveria a parte que faltava, embora a Lúcia e minha mãe já soubessem disso.

Bem depois de minha mãe ir embora, no dia em que a médium olhou o trabalho que tinha em mãos, eu ri. Como eu ri.

Ela fez uma cara!... Eu ri muito. Desculpa. Não foi para zombar, mas achei graça quando ela disse:

— Parece que recebi um livro faltando folhas, trechos e

capítulos. Parece que comprei fascículos em uma banca de jornal e está faltando a metade da obra. Não sei o que fazer. — Depois falou: — Schellida, me ajuda, não faz isso comigo! Não some não.

Eu e o Erick, um amigo muito legal que fiz aqui desde que foi conhecer meu trabalho, o braço direito da Schellida, começamos a rir.

Eliana foi orientada por sua mentora que deveria se colocar ao trabalho, pois seria a prova de que, mediunidade existe. Ela precisaria completar a metade que faltava, os trechos que eu ainda não havia escrito, ou seja, que não escrevi pela médium Lúcia, propositadamente, deveria escrever com ela.

E assim aconteceu.

Este livro agora está pronto, provando que estou vivo. Mostrando a razão de tudo ter acontecido. Fazendo com que as pessoas entendam que suas dificuldades acontecem por algum motivo, pois Deus não erra. É preciso enfrentar os desafios e vencer tudo com amor. De outra forma, as experiências se repetem até fazermos direito.

A vida não termina com a morte. Deus é tão bom e justo que nos faz, como diz a Schellida, harmonizar o que desarmonizamos — adoro quando ela fala isso.

Lúcia e Eliana, vocês viram? A insegurança acabou, minhas amigas! Deu tudo certo. Nem vocês acreditavam que este livro viraria livro quando olharam as primeiras páginas, não foi?

Mas os amigos espirituais não falham.

Temos mais amigos do que imaginamos. Quem tem amigo do bem, tem tudo! Tem Deus ao lado. Deus age para o bem através de bons amigos.

Pai, mãe, meu irmão, tios, amigos, conhecidos e todos aqueles que chegaram até o final destas linhas saibam que não vale a pena as desavenças da vida. É tão bom ser bom.

A história de: "olho por olho, dente por dente..." Alguém tem que quebrar essa corrente! O perdão precisa existir para que a libertação ocorra e a felicidade venha.

Pai, amo você! Eu quero muito o seu bem. Faça tudo o que

gostaria que eu tivesse feito de melhor para a minha evolução. Quero ver você evoluído, ao meu lado. A vida não termina, aqui, meu pai. Você é meu amigão! Te quero do meu lado!

Mãe... Ô mãe... O que dizer para você?... Guerreira! Dona Marisa é uma guerreira! Cumpre o que promete. Estou chorando agora, sabia? Não tem como não chorar ao terminar essas páginas. Mas são lágrimas de satisfação. Sua fé, seu amor, sua força e perseverança foi tudo o que me fez ficar bem nessa e em outras vidas. Obrigado, minha mãe. Te amo, te amo, te amo!

Vinicius, meu amigão! Meu irmãozão! Te amo, cara! Seja sempre um sujeito do bem, como sempre foi. Você também fez uma promessa. Disse que se empenharia. É! Tô ligado! Faz tudo numa boa e faça o bem pelo bem. Te amo, cara!

Não existe distância para aqueles que moram em nossos corações.

Tenho de terminar. Amo a todos!

Victor, eternamente entre vocês!

Fim.

CAPÍTULO 19
Cartas ao Victor

Acostumamo-nos desejar notícias e mensagens de nossos entes queridos que partiram para a espiritualidade, mas esquecemos que eles também podem receber nossas cartas.

Por isso, este capítulo foi reservado às cartas que sua família: pai, mãe, irmão e sua ex-namorada Isadora, escreveram, carinhosamente, ao Victor depois de seu desencarne.

Carta ao Victor, de sua mãe,
Marisa Rita Riello Deppman

Oi, filho! Tudo bem? Saudade...

Sinto que tenho tanta coisa para te dizer, mas, ao mesmo tempo, parece que tudo já foi dito pela sincronia de amor que nos une desde outras vidas. É um crescente de amor tão grande que preenche o vazio físico que você deixou.

É muito interessante ver e ouvir as pessoas falarem a seu respeito, de como as conforta, transmite amor, força, fé e isso tudo me deixa orgulhosa e ainda mais apaixonada por você. Ver o bem que espalha, as coisas boas que pratica, a luz que transmite, leva-me a acreditar ainda mais na espiritualidade e reforçar, cada vez mais, a minha fé no Pai Maior.

Não foi, nem está sendo fácil passar pela sua partida tão repentina e tão cedo. Ainda tenho recaídas, questionamentos, indignação, mas isso tudo passa quando vejo o bem maior que você está fazendo a todos, o quanto você está inserido na mudança social que permeia, ainda de forma um pouco tímida, o nosso Brasil. Creio que nenhum caso de violência tenha repercutido tanto nas mídias, aliás, repercute até hoje, passados longos cinco anos de seu retorno à pátria espiritual.

No começo, eu lutei pela redução da maioridade penal, mas, infelizmente, isso independe da vontade do povo, que apoiou a ideia com mais de 80% a favor. Plantei a semente, se ela irá geminar ou não é outra história, pois, como descobri no decorrer do processo, os interesses financeiros guiam as decisões de quem poderia fazer alguma coisa. Mas, sei que tudo tem seu tempo e creio que essa mudança virá no tempo dela.

Depois, graças as suas mensagens, comecei meu trabalho de formiguinha de espalhar a fé que tenho, que me move, que me dá sustentação para seguir em frente. Foi interessante me ver fazer palestras sobre fé, sobre perdão, sobre a bondade e outros temas que surgiam na minha frente e, como nada é por acaso, sentia sua energia me guiando.

Quando, numa psicografia, você disse "sempre estou", passei a percebê-lo mais próximo e isso me ajudou a diminuir os sentimentos ruins, a perceber que o amor é a ponte que nos une por toda a eternidade. O amor verdadeiro é o elo inquebrantável que nos liga além do plano físico. Ele me transmuta e me permite abraçá-lo aí, no plano espiritual.

Ainda não sei bem ao certo o porquê de tudo isso, mas minha fé é tão grande que nem questiono, apenas me coloco à disposição da espiritualidade para o que der e vier.

Por favor, mande um abraço bem apertado para o Sr. Dema e para a Dona Nenê[1], diga-lhes que tenho imensa saudade e que os amo muito!

Sei que, um dia, nós nos encontraremos e tudo será esclarecido, mas, ainda assim, agradeço de todo o coração a Deus e à Espiritualidade Amiga o privilégio de, nesta encarnação, poder ter sido sua mãe.

Amor além da vida!
Te amo eternamente!
Beijos e abraços infinitos!
Sua mãe, Marisa!

---

[1] Nota: Sr. Dema e Dona Nenê, tratam-se dos pais de Marisa, já falecidos.

Carta ao Victor, de seu pai, José Valdir Deppman

O que um pai poderia falar sobre um filho que foi executado na porta do prédio aos 19 anos por causa de um celular, aliás, nem foi pelo celular, uma vez que ele o entregou e não reagiu?

Sou um pai apaixonado pelos meus filhos e, por isso, é muito fácil exagerar, afinal, é meu filho. Então, antecipadamente peço desculpas por algum exagero que eu possa fazer aqui.

Desde pequeno, a relação com o Victor só poderia ser de amor e preocupação. Ele sempre deu muito trabalho, se não era com a saúde, tinha problemas respiratórios, era com a escola, kkkk, não gostava de estudar, kkkkkk, mas sempre sobrou carinho e amor por parte dele. Sempre procurou um colo, um abraço, um beijo, um carinho, ele ficava rondando a gente, como um cachorrinho atrás de comida, ele vinha atrás de uma dose de amor.

Quantas vezes, ao deitar na cama, me pedia para deitar com ele, e abraçá-lo, e esperar até pegar no sono, algumas vezes ele estava já com olhos fechados, com a respiração pausada, e eu achando que ele estava dormindo, ia saindo da sua volta, mas aí, ele, mesmo sem abrir os olhos dizia: "PAI EU AINDA NÃO DORMI, PODE FICAR AQUI". E eu ficava até ele dormir de fato, kkkk.

Quantas vezes, chegava em casa cansado do dia de trabalho, onde nem tudo dava certo, nervoso, emburrado, mas aí, abria a porta e, por muitas vezes, me deparava com ele, sorrindo, vindo dar um abraço, com um sorriso maroto no rosto, dizendo que estava com saudade, kkkkkk, ele parece que sabia os dias que eu estava mais precisando dele, vinha sempre com algo que me levantava e alterava meu estado de espírito.

Como o dia que ele chegou da escola com as notas e, para variar, muitas vermelhas. Nesse dia era o meu aniversário e a Marisa já havia me avisado e recomendado que eu – sempre sobra para os pais o trabalho sujo, kkk – deveria brigar com ele e colocá-lo de castigo. Cheguei em casa, sentei a mesa, ele logo veio perto. A Marisa falou que ele tinha algo para me mostrar, aí ele disse: "ANTES PAI, PARABÉNS. MUITAS FELICIDADES, EU TE AMO. OLHA UM PRESENTE PARA VOCÊ". Era uma carteira que ele comprou para mim, kkkk. Aí, após isso, ele me entregou as notas, mas o que eu poderia fazer? Kkkkkk. Ele acabou comigo. Só pude dar uma bronquinha pequena, por que não tinha como brigar com ele, mesmo sabendo que as notas estavam baixas. Ele me amoleceu kkkkkk.

Hoje, infelizmente, eu aprendo a viver através de algumas psicografias, de fotos, vídeos que temos, poucos, mas ajudam muito a tentar encontrar uma tranquilidade para se manter bem. A vida perde o sentido, a vida perde a cor, estar sem um filho, é uma prova complicada de se cumprir, tenho certeza de que todas as mensagens que recebemos, é por mérito dele, é por ele que conseguimos receber esta graça.

Eu, nos dias que se passaram após aquele 09-04-2.013, dei algumas entrevistas, e dizia, DEUS DEU AO VICTOR UM DOM, ISSO ESTAVA NELE, DE ATRAVÉS DE SEU SORRISO CATIVANTE, SEU JEITO DE SER, DE AGLUTINAR AS PESSOAS, DE ACALMAR AS COISAS QUANDO ESTAVAM FORA DE CONTROLE, MAS DEUS PRECISOU ESPALHAR ISSO, ESTE DOM, PRECISAVA EXTRAPOLAR AS FRONTEIRAS DA FAMÍLIA, PRECISAVA ATINGIR MAIS PESSOAS E, INFELIZMENTE, PARA ISSO, ERA NECESSÁRIO QUEBRAR A EMBALAGEM EM QUE ESTE DOM ESTAVA, e foi o que aconteceu.

O Victor sempre foi um menino encantador. Por onde passou, certeza que deixou saudade, seu sorriso, sua marca registrada, para quase tudo que aprontava, tinha o final feliz, e sempre acabava com o sorriso e uma gargalhada. Ele tinha o poder de, com seu sorriso, seu jeitinho de ser, acalmar uma discussão, apaziguar uma briga, ele sempre foi assim, sempre esteve com as pessoas nas mãos e, principalmente, a mim, acho que fui a sua principal vítima kkkk.

Eu tive a felicidade de viver ao lado dele por 19 anos e quase 8 meses, uma criança, depois um menino, depois um adolescente e por final um homem, e neste período, aprendi muito com ele, mas aprendi muito mais agora, nestes 5 anos que ele passou para a Pátria espiritual, venho sendo agraciado com as suas mensagens, cada uma mais linda e reconfortante que a outra, próprias de um espírito de luz como ele.

É muito difícil viver sem ele, sem sentir o seu cheiro, sem tocar a sua pele, sem olhar nos olhos dele, sem as brincadeiras dele, quando ele queria dar beijo de borboleta com os cílios, é muito complicado ficar sem tudo isso, sem a presença física dele, por mais conhecimento espiritual que se tenha, é difícil passar por isso, perder um filho é muito difícil mesmo.

Eu sei que estou ligado a você, Vitão, ligados pelo amor, que nada e ninguém pode quebrar ou afastar, sinto você comigo em alguns momentos, eu estou me esforçando muito para continuar merecendo estar próximo a você e sentindo a sua presença.

Eu sinto demais a sua falta e isso, infelizmente, não consigo controlar. Existem dias melhores, existem dias normais, mas tem os dias péssimos. Vou continuar a me esforçar para não decepcionar você. Às vezes, a dor aperta demais meu coração, que faz lágrimas rolarem pelo meu rosto, mas isso é a saudade que está transbordando de dentro de mim.

TE AMO MUITO
José Valdir Deppman

Carta ao Victor, de seu irmão, Vinicius J. Deppman

Vitão, meu eterno irmão

Depois de tanto tempo, chegou a nossa vez de escrevermos para ti. Como você já mandou tantas, nada mais justa essa contrapartida. Não é fácil escrever. Só agora me coloquei no seu lugar e imaginei o quanto foi complicada a sua primeira vez nos escrevendo, ainda mais com as emoções "a flor da pele". Eu não sei exatamente como foi, mas se tinha uma bola por perto, certeza que você tava com ela no pé! Hahaha...

Por aqui, seguimos reaprendendo a viver sem a sua presença física, nos reinventando a cada dia que passa, cada um ao seu tempo.

E que partida brusca foi a sua, imprevisível, totalmente inimaginável. Doeu muito, mas muito mesmo. Tanto que nem consigo comparar com absolutamente nada que já me tenha acontecido. Até hoje, não sei de onde saiu tanta força para suportarmos as primeiras semanas. Eu estava desnorteado, fiquei sem irmão, sem referência, sem rumo... Era turbilhão de emoções e pensamentos e aos poucos fui percebendo que teria de reaprender a viver.

Sou extremamente grato às pessoas que me cercam, familiares e amigos, pois, com toda a certeza deste mundo, sem eles eu não estaria aqui te escrevendo hoje, teve muito amor envolvido, se manifestando de várias formas, entre palavras e gestos, presenças e sutilezas. E foi com esse amor que reconstruí os meus alicerces e me reapresentei à vida novamente. Hoje, a minha base é mais larga, o aprendizado com as lições da vida foram grandes. Deixo prevalecer a humildade e a simplicidade e sei que tenho muito a melhorar, mas o esforço é diário.

O seu desencarne tocou fundo em nossas almas e, justamente por isso, a reviravolta vem na mesma potência, quando utilizamos o amor como fonte de cura, o único remédio eficaz a essa enfermidade.

Bigão e Mamusca vão bem, cada um na sua evolução, mas isso eu sei que você sabe, já que acompanha tudo daí e saiba que apoio todas as cornetadas que você dá nos dois. Vai daí que eu vou daqui também e, juntos, iremos reerguê-los totalmente.

A propósito, já te adianto que ser filho único é bem chato, eu sei que achava você chato hahahaha, mas isso é bem mais, ainda mais porque, se dependesse dos velhos, estaria vivendo numa bolha! Vê se me ajuda ai, faz uma pra ser lembrado vai! Hahahahha...

Com certeza, todos que tiveram o prazer de conviver com você, aproximadamente dois milhões de pessoas (e subindo!) hahahahaha, sentem a sua falta, de uma forma ou de outra. Com o seu coração grande e a sua intensidade, você conseguiu deixar a sua marca e sempre será bem, muito bem lembrado em momentos de alegria e felicidade. Sua passagem, aqui, foi um exemplo nesses quesitos.

Eu sinto a sua falta todos os dias, todos mesmo, sem exceção. Acho que até por isso gosto tanto de estar perto dos meus amigos, digo de faixa etária próxima a minha, preenchendo o seu papel, cada um doando o que pode e eu alugando todos mesmo! Hahahaha... São tantas boas amizades, as antigas que se consolidaram e outras que vêm surgindo até hoje, que a mim só resta ser grato sempre, por cada uma delas e, para desespero da Ana hahahaha, pelas que ainda virão. Tudo isso pra repor a sua falta. Olha o trabalho que o sr. me dá!

Claro que você já tá sabendo do casamento e sei também que estará presente, o mínimo que eu espero é que fique até o fim e aproveite bem a festa, junto com o Demão, a dona Neusa e o vô João. Vou querer um abraço especial, se vira, dá seus pulos por aí.

Por enquanto é isso Corugão, fique bem e em paz. Tô aqui pra tudo que precisar, como de costume!

Te amo pra sempre narigudo ♥

Vini

---
[1] Nota: Demão, dona Neusa são avós de Vinicius e Victor.
Bigão e Mamusca, são apelidos carinhosos que os irmãos oferecem aos pais.
O Casamento mencionado, trata-se do casamento de Vinicius a se realizar em outubro de 2018.

Carta ao Victor, de sua ex-namorada, Isadora Dias

Mesmo depois de anos na mesma escola, foi só em 2010 que, de *cotoco*, você virou meu *Vitorugo*.

Você nunca foi de estudar. Quem te conheceu sabe o trabalho que deu com as várias recuperações a cada bimestre.

Nós dois na mesma sala de prova e depois de passarmos muito tempo juntos estudando para suas outras recuperações, você teve a cara de pau de me convidar para ir ao cinema... Eu, que via em você um amigo e nada mais. Percebi que estava errada, quando me roubou o primeiro beijo. Na trave!... Motivo eterno de zoeira, já que você convenceu todo o mundo, acho que inclusive a mim, de que havia sido eu quem tinha roubado.

Naquele ano, no último bimestre, você passou direto, nenhuma recuperação! Que orgulho me deu!

Acho que, no fundo, de alguma forma, sempre soube que teria de se despedir mais cedo do que a gente queria. As promessas de estar sempre do meu lado, independente do rumo que nossas vidas tomassem... Vou lembrar de você cantando *Aonde quer que eu vá, levo você no olhar*, do Paralamas do Sucesso, fazem-me pensar muito isso.

Nosso namoro sempre foi muito leve. Sem brigas... Só risadas. Não sei se era idade ou o fato de sermos melhores amigos, antes de namorados, ajudou. Tivemos nossas crises, claro, mas aprendemos com elas. A gente viveu nossa história e ela foi exatamente como deveria ser.

Você tinha o seu jeito zoeira. Sempre falando besteiras, fazendo graça com todo o mundo, pedindo para sua tia falar que você era a parte bonita do casal... Mas sabia a hora de ser carinhoso, de não ter vergonha de mostrar o que sentia, de ser você mesmo até na hora de fazer a típica vozinha do casal... De me fazer cócegas, de ter crise de risos nas sonecas da tarde... De me chamar de Gor na frente dos seus amigos ou de me dedicar o gol na frente dos seus primos.

Não que fosse o romantismo em pessoa. Sabia muito bem

no que eu tinha me metido. Mas ver você quebrando a cabeça para me surpreender no dia dos namorados... era muito bom. Eu me derretia e tinha certeza do quanto você era importante na minha vida.

Estava certa, mais do que melhor amigo, namorado, parceiro, você se tornou meu eterno cúmplice. Meu anjo, meu pensamento nos melhores e nos piores momentos, até hoje.
Podem achar que falo isso por conta do que aconteceu, mas eu e você sabemos que não, pois, se tem algo que me ensinou, é a não me preocupar com os outros, a ser eu mesma e acho que essa é a minha primeira maior gratidão.
A segunda é não ter medo de viver. Encarar com coragem a cada dia que Deus compartilha comigo.
A terceira é acreditar que eu sou boa e estou pronta para tudo que está reservado para mim.
Quem me vê falando assim, logo imagina um poço de segurança. Coisa que não sou. Estou aprendendo a ser, ao praticar todo dia, tudo que você me ensinou. Fraquejando, às vezes, mas, como diz a música, *um sorriso ajuda a melhorar* e, se tem uma coisa que aprendi com você, foi a manter esse sorrisão no rosto!
Confesso que logo que foi embora, foi muito difícil mantê-lo aqui. Muita gente pensou que ele tinha ido embora contigo. Mas... eu e você sabemos que não era isso que queria, afinal, você era o Ney e eu, o Thiaguinho e sempre *Ousadia pra vencer e alegria pra viver!*
A minha alegria continua aqui. Com fé, mais inabalável do que nunca. Consegui aceitar que há certas coisas, nesta vida, que a gente precisa passar e a forma como a gente as encara é a real questão.
A vida é isso e hoje não tenho dúvidas de que ainda vou passar por muitas outras coisas que vão me mostrar lados meus que eu ainda não conheço. Algumas mais fáceis, outras não. O que importa é que a vida não para e sim exige que nós estejamos dispostos a encará-la da forma mais aberta possível.

Se a gente não souber seguir o seu ritmo, ela vai nos obrigar. Prosseguir nela é bem melhor do que tentar ir contra

Fiz uma promessa a mim mesma, vou ter fé sempre, ter coragem, encarar a vida e fazer tudo com muito amor. Assim não terei medo. Deus estará se encarregando de tudo. Crescer e amadurecer. Coisas que a gente não queria, vai acontecer de alguma forma. Reclamar, é possível. Sou humana e é claro que vou, mas, pode ter certeza, terei sempre fé.

Obrigada por ter tornado o meu mundo melhor e por me tornar alguém melhor para o mundo.

Te amo. Isso nunca vai mudar.

Não importa onde nem quando, sempre estamos juntos, um pelo outro!

Isadora Dias

PARTE III

Dados complementares sobre esta obra

Marisa Rita Riello Deppman
Endereço eletrônico: marisa.deppman@outlook.com.br

A *Praça de Esportes Victor Hugo Deppman*, que fica dentro do *Parque Estadual do Belém*. Localizado na Av. Celso Garcia, 2431 – no bairro do Belém, na Zona Leste da Capital/SP, inaugurado em 23/03/2012, foi uma idealização da Associação Por um Belém Melhor, entidade que atua fortemente por melhorias no bairro.
https://www.areasverdesdascidades.com.br/2012/08/parque-belem.html

Decreto Estadual que nomeou a Praça
https://www.jusbrasil.com.br/topicos/26879242/artigo-1-do-decreto-n-59355-de-15-de-julho-de-2013-de-sao-paulo

Uma homenagem para que Victor Hugo Deppman seja lembrado.

Psicografia do espírito Victor Hugo Deppman
Vídeo no Youtube – link **https://youty.be/GBQPvQkIli4** - 1:56:15

Victor Hugo Deppman, para seus pais e família, Marisa Rita Riello Deppman e José Valdir Deppman.
"Pai, mãe e mano e Isadora, estou bem e quando tudo aconteceu foi muito rápido, e depois, de nem sei se foi dias, aí comecei a ver os vídeos dos noticiários e até do sepultamento do corpo que ficou.
Meu, naquele dia, senti algo estranho e achei que era por causa das provas, em dúvida se estudava ou ia jogar (treinar), com a turma do 'inferno vermelho'[1], tinha saído cedo e num aperto no coração ao chegar perto da estação Santa Cecília[2], depois de falar ao telefone, aí pensava em subir rápido e trocar de roupa.

---
[1] Time de futsal da Faculdade Cásper Líbero
[2] Estação do Metrô de São Paulo – linha vermelha

Meu, foi uma coisa tão rápida, que não estava entendendo o que o carinha queria, enfim, vai, foi, e só quero relatar um pouco para que vocês entendam como estava.

Isadora, nosso tempo passou e continuo te amando daqui e vou ser teu anjo da guarda. Você tem que arrumar um não tão alemão quanto eu.

Vai o Vitão aqui, agora, torcer por vocês todos!

Mano, agora é com você para cuidar dos velhos, você sempre foi mais calmo e observador, e mais cabeça; eu pareço demais com a mãe, muita energia para gastar.

Mãe, estou vendo daqui e o Vitão vai virar lei, então D. Marisa não valeu apenas um celular, e sim uma lei, estou acompanhando as passeatas.

Vamos buscar o Pai Maior e a Mãe Santíssima com seus representantes me acolheram. E pai, santo é uma coisa que não se usa mais aqui e aí é o nosso Santos, timaço.

As orações do tio e da tia Márcia nos valeram muito.

Meu, o nosso time de *futsal* diz que não existe inferno e aí o nome do nosso time não perde força e sim ganha. 'Inferno Vermelho' vai ganhar um anjo da guarda.

Tenho que terminar, amo a todos!

Do Vitão alemão que continua vivo!

Victor Hugo Deppman"

O Grupo Espírita Amor em Ação, mencionado nesta obra, fica na:

Rua Presidente Prudente, 90 – Jd Via Dutra – Arujá – SP – Cep: 07432-575

Promove, três vezes ao ano, sessões públicas de psicografias. Tem trabalhos e ensinamentos referentes à Doutrina Espírita.

Suas demais atividades podem ser encontradas no endereço eletrônico: www.amoremacaoaruja.com.br

❋

Fraternidade Espírita União – FEU, mencionado nesta obra, fica na:
Rua Maria Carlota, 132 – Vl. Esperança – São Paulo – Cep: 03647-000

Essa casa espírita tem um trabalho específico de psicografia **Vida Após a Vida** com a intenção de acolher corações e também a *Evangelhoterapia* no primeiro sábado do mês. Além de outras atividades concernentes à Doutrina Espírita, realiza trabalhos sociais com famílias carentes da região – Zona Leste da cidade de São Paulo – com entregas de cestas básicas, palestras educativas, cursos e atividades infantis. Com esforço incomum, atua com a *Caravana Algodão Doce* que é a entrega de mais de 300 marmitex por mês para pessoas em situação de rua. Possui atendimento espiritual com palestras públicas às segundas e quarta-feira às 20h.

Centro Educacional Infantil Victor Hugo Deppman – C.E.I. Victor Hugo
Entidade Mantenedora – Associação Sócio-Cultural Ideia Solidária.

A ONG Ideia Solidária, que administra várias creches com a finalidade de promover a melhoria da vida humana através da educação infantil – educação de base – sensibilizada com o caso, homenageou Victor Hugo Deppman com seu nome a esse C.E.I. – Av. Jardim Japão, 956 – São Paulo – SP. – **ceivictorhugo@ideiasolidaria.org**

Cabe salientar que os pais e familiares de Victor Deppman não têm qualquer parte na administração da instituição ou mesmo da ONG. Participando, tão somente, de serviços sociais e arrecadações como voluntários às obras assistenciais existentes.

❋

Homenagem prestada a Victor Hugo Deppman, pelo seu time de coração, Santos Futebol Clube, que deixou a família e o próprio espírito Victor muito feliz, pois além de homenageados, foram integrados ao projeto da Fundação Non-Violence, que apoia projetos contra a violência em todo o mundo.
https://www.youtube.com/watch?v=JGIQwA7GVOo

Entre as homenagens recebidas, vale destacar a dos amigos da Faculdade Cásper Líbero, que parou a Av. Paulista, uma das mais importantes da Capital de São Paulo, onde foram gritadas frases a favor da redução da maioridade penal e contra a impunidade, e ainda, a prestada pela direção da instituição de ensino.
https://www.youtube.com/watch?v=EHBwnnFtPj0
https://www.youtube.com/watch?v=jan5_wO2uHc

Homenagem prestada pelos amigos da Rede TV, onde Victor Hugo Deppman fazia estágio, mostrando como Victor Hugo Deppman era alegre, seu sorriso e sempre rodeado de amigos.
https://www.youtube.com/watch?v=vNNrv9zCrh8

❋

BRASÍLIA

Por:
Marisa Rita Riello Deppman

Quando, no velório do Victor, meu filho, fiz a ele a promessa de que sua morte não seria em vão e que esse latrocínio não seria apenas mais um número nas estatísticas governamentais, não sabia bem o que fazer.

Pensei, não apenas como mãe, mas como advogada. Conversei com amigos, principalmente da área jurídica, e cheguei à conclusão de que ECA – Estatuto da Criança e do Adolescente – precisava, urgentemente, de uma reforma. Até hoje, não consigo conceber que um jovem, uma criança a partir dos dez anos de idade, não saiba que atirar na cabeça de alguém mata, que estuprar uma pessoa é violência, é errado, é crime.

Também não consigo entender como um jovem, como o que assassinou o Victor, com 17 anos, 11 meses e 27 dias, pelo ECA, não tinha discernimento para entender o ato criminoso que praticava, mas se o tivesse feito após três dias, quando completaria 18 anos, saberia. Será que há uma chave na cabeça desse jovem que muda a configuração após 18 anos?

Junto com um grande amigo juiz penal, elaborei um Projeto de Lei para redução da maioridade penal. Estudei o assunto, conversei com pessoas da área da infância e juventude e elaborei as mudanças pretendidas.

O projeto causou polêmicas e quero reiterar aqui meu posicionamento, quero deixar bem claro o que penso.

Sou a favor da redução da maioridade penal em certas circunstâncias. Como sempre digo, quando sou questionada sobre o tema, há crimes e crimes, isto é, crimes hediondos (Lei 8.072/1990), praticados por menores, devem, sim, ter a maioridade penal reduzida sem limite de idade; já os crimes de menor potencial ofensivo como, furto simples, dirigir sem habilitação, pichar muros ou casas, porte de drogas, devem ser apenados pelo disposto no ECA.

Sou a favor de que o menor que comete o crime hediondo, até os 18 anos de idade, cumpra sua pena em uma unidade de maior segurança dentro da Fundação CASA, para que continue a ter acompanhamento de todo aparato que ela oferece e, só então, ser transferido para o sistema prisional comum.

Passei a ser chamada para debates sobre o tema, escrever artigos para jornais e revistas, pois minha postura de não concordar com os que são contra a redução, alegando que, em suma, os menores são "coitadinhos", vítimas sociais de um sistema que não lhes permite se conduzir de outra forma. Eu gostaria de saber, desde quando, pobreza, desajustes familiares, falta de assiduidade escolar são justificativas para alguém sair na rua e matar, com requintes de crueldade, outro SER HUMANO?

Com minha expertise sobre o assunto fui convidada pelo Deputado Federal Roberto de Lucena, em agosto de 2013, para participar de um debate sobre a Redução da Maioridade Penal, promovido pela Comissão de Direitos Humanos da Câmara Federal.

Fiz um discurso marcante de vinte minutos **(https://www.facebook.com/CampanhaAcordaBrasil/videos/589078141134443/)**, que até hoje repercute nas mídias sócias. Pelo bom desempenho, retornei outras vezes à Brasília para falar sobre o tema e acompanhar a votação na Câmara de Deputados, sendo aprovada a Redução da Maioridade Penal em março de 2015. O projeto foi encaminhado para votação no Senado Federal e, infelizmente, encontra-se engavetado, sem nenhuma previsão de votação.

Participei de diversos programas televisivos para defender a redução da maioridade penal, pois, apesar da dor, tinha uma força imensa para não permitir que o crime que acometeu meu filho fosse esquecido e se tornasse rotina em outras famílias, pois, sem previsão, qualquer outro filho ou filha, pode ser o próximo. Eu tinha, e tenho, de lutar por mudanças e sei que isso será pelo resto de minha vida. Seguem alguns *links* dessas participações:

https://www.youtube.com/watch?v=_kTiDLwvdPw&list=PL_nIxAgUCqCAO7hIpzovlvjcQYGdYZp1Y (Programa: Rasgando o verbo com Ronni Von) https://www.youtube.com/watch?v=OVkv7OuNyq0&list=PL_nIxAgUCqCAO7hIpzovlvjcQYGdYZp1Y&index=5 (Programa: Encontro com Fátima Bernardes)

LEI VICTOR HUGO DEPPMAN E OUTRAS AÇÕES

Muitos amigos do Victor se mobilizaram para tentar mudar o ECA – Estatuto da Criança e do Adolescente –, bem como diminuir a impunidade ou, ainda, para lhe prestar uma homenagem.

Em 13 de abril de 2013, junto com amigos, familiares, simpatizantes e pessoas "que queriam ajudar de alguma forma", fizemos uma passeata no Belenzinho, bairro onde o Victor viveu toda a sua breve vida, que teve acompanhamento de várias redes de TV, jornais escritos e falados, fazendo com que o debate da redução da maioridade penal ganhasse a mídia e chegasse a Brasília, mas a insensibilidade de nossos legisladores federais engavetou nossas esperanças de um Brasil menos impune. https://www.youtube.com/watch?v=E41vcAqYTrw

Foram criadas páginas nas redes sociais como: AOS DEZESSEIS JÁ SABE O QUE FAZ, ACORDA BRASIL e foi lançada pelo Site AVAAZ. ORG uma petição eletrônica **(https://www.avaaz.org/po/petition/Diminuicao_da_Maioridade_Penal_Criacao_da_Lei_Victor_Hugo_Deppman/)**, para diminuição da maioridade penal, que obteve 130.894 assinaturas.

Em abril de 2013, logo após a tragédia, foi criada a campanha "SE O CRIME NÃO TEM IDADE, POR QUE A PUNIÇÃO TERIA?" https://www.youtube.com/watch?v=HBpd8nGDLnk, que obteve incrível repercussão nas mídias, levando muitas pessoas a pensar sobre os crimes praticados por menores e ainda a cobrar do governo medidas contra a impunidade.

Essa campanha rendeu frutos. Algumas pessoas se sensibilizaram e fizeram adesivos para carros com o slogan e começamos a fazer "adesivagens", isto é, procurávamos um semáforo com tempo maior de parada e, durante o farol vermelho, pedíamos para adesivar o carro da pessoa que corroborasse com o mote de nossa campanha. Pessoas de todo Brasil nos solicitaram adesivos e a campanha repercutiu nacionalmente.

O documentário **SILENCIADOS** também aborda o tema da redução da maioridade penal e da criminalidade em suas várias facetas, como uma forma de chamar a atenção da grande mídia e fazer com os projetos de lei na área penal sejam discutidos e revisados para diminuir a impunidade que impera no nosso país. https://www.youtube.com/watch?v=NfEWKQIZ_s4

Não sei se foi pela filmagem do crime, se foi pela simbologia do ato, pois claro se mostra que meu filho não reagiu, entregando o celular, ou talvez, pela barbaridade do ato, um tiro na cabeça dado por um menor de idade, sinceramente não sei, mas sinto que a morte do Victor está servindo para uma mudança social, pois os jovens se sentiram afetados, como se eles próprios tivessem levado o tiro. Enquanto pais se sentem abalados e amedrontados, pois o próximo pode ser o filho de qualquer um.

A bala que atravessou a cabeça do meu filho ainda atravessa nossa sociedade que cobra medidas mais duras para combater a criminalidade e diminuir a impunidade.

Sinto que essa luta não é mais minha, mas de toda a população do Brasil que se importa em viver num país seguro e justo.

Precisamos de um Brasil melhor e uma sociedade capaz de olhar a sua volta e clamar por mudanças sociais, educacionais, de saúde pública, moradia, mas, mais ainda, de um Legislativo Federal, Estadual e Municipal que governe para e pelo povo, que ouça as ruas e mude, mude para melhor o nosso amado BRASIL!

Marisa Rita Riello Deppman

Fim.